LE CONFLIT

ENTRE

Le Pouvoir Exécutif et le Pouvoir Législatif

(DOCUMENTS POUR L'HISTOIRE)

PAR

ULRICK DUVIVIER

Ancien Chef de bureau au Ministère de la Guerre,
Ancien Chef de bureau à l'Administration des Finances de Jérémie,
Député.

« Il est dans ce monde
« Trop dangereux d'avoir raison. »

VOLTAIRE

PARIS

SOCIÉTÉ ANONYME DE L'IMPRIMERIE KUGELMANN
(G. BALITOUT, directeur)
12, rue de la Grange-Batelière, 12

1898

LE CONFLIT

ENTRE

Le Pouvoir Exécutif et le Pouvoir Législatif

LE CONFLIT

ENTRE

Le Pouvoir Exécutif et le Pouvoir Législatif

(DOCUMENTS POUR L'HISTOIRE)

PAR

ULRICK DUVIVIER

Ancien Chef de bureau au Ministère de la Guerre,
Ancien Chef de bureau à l'Administration des Finances de Jérémie,
Député.

> « Il est dans ce monde
> « Trop dangereux d'avoir raison. »
>
> VOLTAIRE.

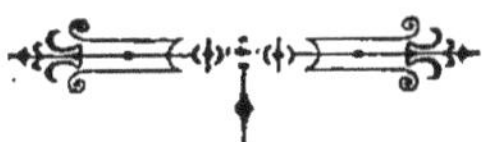

PARIS

SOCIÉTÉ ANONYME DE L'IMPRIMERIE KUGELMANN
(G. BALITOUT, directeur)
12, rue de la Grange-Batelière, 12

1898

A Monsieur V. GUILLAUME,

Président de la Chambre des Députés.

C'est à vous, mon cher Vilbrun, mon cher Président, que je dédie ce livre. A vous qui avez fait votre devoir avec tant d'indépendance et qui vous êtes montré si jaloux de la dignité de la Chambre.

Je vous serre fortement, cordialement la main.

Ulrick DUVIVIER,

Député.

Port-au-Prince, le 28 juin 1897.

PRÉFACE

Je reproduis, sous forme de préface, les lignes suivantes extraites de l'*Exposé général de la Situation de la République*, années 1896 et 1897, et adressées aux membres du Pouvoir législatif.

« Il convient, Messieurs, de vous adresser également les chaleureuses félicitations auxquelles
« *votre belle conduite* vous donne droit.
« Qui n'a admiré la promptitude avec laquelle
« vous avez répondu, dans cette circonstance, à
« l'appel des représentants du Pouvoir?
« L'Assemblée Nationale, grâce à votre louable
« empressement, put se réunir, après les formalités
« d'usage, le 31 mars, et porter presque à l'unani-
« mité de ses votes, à la première magistrature de
« l'État, un citoyen digne entre tous de sa con-
« fiance, le général T.-S. Sam, dont la fermeté

« alliée à un tact parfait, dont le passé glorieux
« étaient un sûr garant de la bonne gestion des
« choses de la République. »

(*Extrait de l'Exposé général de la Situation*, année 1896, page 36.)

* * *

« L'année dernière, à la suite de la mort inopinée
« du général Hyppolite, on avait à craindre pour la
« paix publique ; elle n'a pas été troublée. C'est
« un triomphe réel pour nos institutions. Nous
« avons été heureux d'assister à la transmission
« légale et pacifique du Pouvoir. Le Département
« que le Président de la République m'a fait l'hon-
« neur de m'appeler à diriger vous a déjà entrete-
« nus de cet événement qui, pendant un instant,
« avait paru assombrir le ciel de la Patrie. Grâce à
« la Providence, et grâce aussi à l'empressement
« que, *malgré les dangers du moment*, vous avez mis à
« vous rendre au poste d'honneur que vous a con-
« fié la Nation, votre patriotisme et l'actualité vous
« ont unanimement inspiré le choix du général
« T. Simon Sam, illustre soldat, pour être le succes-
« seur du chef disparu au fauteuil de la Prési-
« dence de la République. »

(*Extrait de l'Exposé général de la Situation*, année 1897, page 49.)

LE CONFLIT

ENTRE

Le Pouvoir Exécutif et le Pouvoir Législatif

CAUSE ET MOTIFS DU 4 JUIN

Pendant les vacances parlementaires, quelques mois après la clôture de la première session, un nouveau Cabinet arrivait aux affaires. Le Président de la République appela, pour former son nouveau Conseil, des hommes dont les noms étaient plus ou moins connus dans le monde politique.

Les portefeuilles furent répartis comme suit :

M. Solon Ménos (Docteur en droit), *à la Justice* et *aux Cultes ;*

M. A. Firmin, *aux Finances, au Commerce* et *aux Relations Extérieures ;*

M. J.-C. Artaud, *à l'Agriculture* et *aux Travaux publics ;*

M. J.-J. Chancy, *à l'Instruction publique ;*

M. le général S. Marius, *à la Guerre* et *à la Marine ;*

M. Valérius Douyon, *à l'Intérieur.*

Il fallait aux membres du Cabinet du 17 décembre attendre plus de trois mois avant de faire connaissance avec la Chambre, dont les vacances ne prenaient fin que dans les premiers jours d'avril.

Quelle opinion les Représentants du Peuple avaient-ils de ceux que la confiance du chef de l'État avait placés à la tête de l'administration générale du pays ? La majorité des Députés les jugeait dignes aussi de la leur et aptes à bien faire. Ils se préparaient donc à leur offrir un concours sincère et désintéressé.

L'époque de l'ouverture des Chambres était assez proche quand quelques journaux de la capitale, qui déjà avaient timidement commencé une campagne contre les membres du Corps législatif, redoublèrent de violence. Leur allure fut si hostile que des gens bien avisés la crurent autorisée et même *inspirée* par des Ministres. On le disait bien haut. Les Députés, froissés dans leur amour-propre, dans leur dignité, s'en plaignirent ouvertement. Ils en avaient bien le droit, je l'espère. Ils trouvèrent étrange, *suspecte même*, l'indifférence du Cabinet devant les flots d'injures dont, autant *sans merci que sans raison*, certains organes de la presse les abreuvaient.

Il n'en fallut pas davantage pour attiédir l'amitié, ébranler la confiance de quelques-uns et aigrir quelques autres.

D'un autre côté, un des membres du Cabinet, M. Firmin, affichant visiblement son hostilité et son antipathie contre les Chambres, et remorquant aussi quelques-uns de ses collègues à sa suite, semblait, par une telle conduite, justifier ce qui se disait.

Un tel état de choses n'était pas fait pour assurer une loyale entente entre Ministres et Députés.

Enfin, on était aux premiers jours d'avril, l'ouverture approchait. On s'entendait dans les groupes sur les candidats éventuels à la présidence de l'Assemblée. L'inscription avait accusé *le quorum* : il fallait se hâter de convenir, à l'avance, du choix d'un candidat jouissant d'assez de sympathie et de confiance pour grouper autour de son nom la majorité. Des difficultés de différents ordres surgirent ; une entente paraissait difficile, sinon impossible.

On était dans cet état d'esprit quand un groupe de la Chambre reçut une invitation de leur aimable collègue et ami, M. le Député D. Simon-Sam. De droite à gauche, discrètement, on tâchait de savoir le nombre et surtout les noms des invités. L'invitation était intime, verbale : un verre de champagne offert et sans dire même à quelle intention. Les malins disaient qu'il y aurait *quelque chose* au bout... et ils avaient raison.

Il était, en effet, réservé aux invités une surprise : la connaissance de M. le Ministre de l'Intérieur.

Pour la première fois qu'on se voyait, il y eut, naturellement, dans les premiers moments, une certaine réserve. Il ne fallut pas longtemps — les formules banales de présentation achevées — pour que, comme on dit, la glace fût rompue. Alors le Ministre, avec un accent empruntant la sincérité, s'empressa de nous offrir, *tant en son nom qu'en celui de ses collègues*, toutes les garanties désirables de bonne entente entre l'Exécutif et la

Chambre. Il partagea notre juste indignation contre la violence avec laquelle la presse nous avait attaqués et nous témoigna son regret de voir une telle campagne qu'il déclara injustifiable.

M. le Ministre Douyon, dans un élan d'extrême expansion, alla jusqu'à nous dire : « Messieurs, ces journalistes ont tort de vous insulter comme ils le font; vous n'avez rien fait encore pour mériter de telles injures. Aussi avons-nous pensé à élaborer un projet de loi pour réfréner les abus de presse; je vous le présenterai dans les premiers jours de la session. Ce sera, comme on dit en créole, « *un barbouquette* ».

On parla ensuite de beaucoup d'autres choses pouvant intéresser Chambre et Cabinet. Puis, finalement, pour donner son plein effet à l'invitation, notre collègue et ami D. Simon-Sam nous fit passer à la salle à manger où un verre de champagne fut offert. M. le Ministre Douyon proposa la santé des Députés, qui burent à celle des membres du Pouvoir Exécutif et au Président.

Les choses paraissaient pour le mieux dans la meilleure des Républiques...

*
* *

La Chambre des Députés se constitua le 27 avril. Et c'est à M. le Député Vilbrun-Guillaume, qui, à la précédente session, avait, avec autant de tact que d'intelligence, présidé l'Assemblée, que revint encore l'honneur de la présidence. Le Sénat, dont on ne peut douter des bonnes intentions, ne put, soit à cause de la mort — durant les vacances — de quelques-uns de ses membres et de la maladie de quelques autres, se réunir à la même date. Le retard de la constitution de ce corps paralysa naturellement l'action de la Chambre. Les Députés ne purent, en attendant la constitution du Sénat, que consacrer leur temps à la formation des Comités, à l'étude préalable de quelques pièces en dépôt et à la discussion et au vote d'un projet de règlement intérieur présenté depuis 1893.

La Chambre passa ainsi près d'un mois, le Sénat n'ayant pu se constituer que le 11 mai. Le grand Corps nous notifia sa constitution et l'ouverture en Assemblée Nationale, suivant le vœu de la Constitution, fut fixée au 17 mai. Le Corps législatif eut l'honneur de voir le Président de la République, ainsi que tous les corps constitués, assister à cette ouverture solennelle.

Un grand nombre de Députés, qui se tenaient à la capitale dès les derniers jours de mars, jugèrent opportun de réclamer leurs indemnités du mois d'avril pour couvrir leurs frais de déplacement et de séjour à Port-au-Prince. Le principe de cette réclamation trouva d'abord quelques opposants, puis, finalement, fut adopté. On convint donc de s'adresser à l'Exécutif, qui consentit à payer ces indemnités dont déjà le montant était aux ordres de la Chambre. Ce consentement, toutefois, était conditionnel ; il était subordonné à la dénonciation du Sénat, qui avait mis quelque retard, par suite de cas de force majeure, à se réunir.

Quelle était la situation qu'on pensait faire à la Chambre en agissant ainsi, et quel rôle lui voulait-on faire jouer en lui demandant de dénoncer le Sénat? Le Cabinet y avait-il seulement bien pensé?..

La question, par prudence, ne fut point portée en séance publique, et *une protestation unanime,* en séance à huis clos, fut l'accueil fait à cette obligation que, *sans raisons avouables*, des Ministres essayaient adroitement de nous imposer. L'esprit de solidarité commandait aux Députés de ne pas souscrire à un acte pareil, et il y fut répondu que la Chambre, quoique se croyant assez de droits, aimait mieux renoncer à sa demande.

L'incident était donc considéré clos, quand M. le Ministre de l'Intérieur, dans le but d'avoir une majorité en faveur du Cabinet, prit l'initiative d'offrir séparément à plusieure Députés les mêmes indemnités, en y enjoignant, cette fois, une nouvelle condition. Il réclamait un reçu qui, sans doute, selon lui, pourrait à l'occasion constituer une pièce à la charge de ceux qui consentiraient à percevoir. C'était une combinaison politique, un moyen de s'aliéner la liberté d'action de ceux, assez peu scrupuleux, qui lui laisseraient leurs signatures.

M. le Ministre Douyon ne fut pas très heureux, car il ne put trouver, à ma connaissance, aucun membre de la Chambre qui voulût bien consentir à devenir *sa chose*...

La campagne de la presse continuait toujours de plus en plus violente, et M. le Ministre de l'Intérieur, contrairement à la déclaration qu'il avait faite, ne présenta point son fameux projet de loi, et, suivant l'exemple de son collègue, M. Firmin, manifesta ouvertement aussi son hostilité contre la Chambre.

La clameur publique accusait les Ministres de s'être illégalement attribué *deux mille gourdes* chacun comme *frais d'installation.* Une indiscrétion avait permis de savoir que deux chefs de division de deux Départements ministériels, dans le but, sans doute, de ne pas laisser en souffrance leur service, avaient décacheté deux plis renfermant un *mémorandum* du *Conseil des Secrétaires d'Etat,* notifiant, comme cela se pratique, aux Ministres de leurs Départements, qu'une valeur de $ *2,000 avait été allouée* à chacun d'eux, suivant décision prise dans le Conseil du 2 février 1897, pour *leurs frais d'installation.* On en parlait partout, et la presse, se faisant l'écho de l'opinion, avait annoncé le fait en flétrissant la conduite du Cabinet.

M. le Ministre de l'Intérieur avait aussi fait un pas de clerc : il avait écrit à l'Administrateur des Finances de Port-au-Prince pour autoriser celui-ci à émettre *quatre ordonnances* de *deux mille gourdes chacune,* l'une en sa faveur et les trois autres en faveur de ses collègues des *Finances,* de la *Justice* et de la *Guerre* pour *frais d'installation.*

Mais M. Lafontant, soucieux de sa responsabilité, tout en lui témoignant son étonnement, répondit verbalement à M. Douyon qu'il *n'était prévu ni porté* à aucun chapitre, ni à aucune section de son budget, des allocations pour *des frais d'installation.* Ce Ministre adroit s'empressa alors de reprendre sa lettre et en écrivit une nouvelle par laquelle il autorisa l'émission *des mêmes ordonnances* sous la fausse rubrique de *frais extraordinaires.*

Les députés ne pouvaient rester indifférents devant un pareil acte, qui était certes répréhensible. Ils se concertèrent pour prendre toutes les informations nécessaires et, après avoir eu les éléments qu'ils jugeaient indispensables, une demande d'interpellation fut produite à ce propos. Le mobile qui les a fait agir est donc facile à comprendre. C'est bien à tort qu'on a essayé d'insinuer que la vraie cause de la demande d'interpellation a été le non-paiement du premier mois. Je ne crois pas devoir défendre la Chambre d'une accusation aussi maladroite que mensongère.

CHAMBRE DES DÉPUTÉS

2e Session ordinaire de la 21e Législature.

SÉANCE DU VENDREDI 28 MAI 1897

Présidence de M. le Député V. GUILLAUME.

. . . .

. . . .

. . . .

(*Proposition déposée par M. le Député Sudre Dartiguenave et votée.*)

M. le Député Sudre DARTIGUENAVE : Je demande la parole.

M. le PRÉSIDENT : La parole est au Député Dartiguenave.

M. le Député DARTIGUENAVE, *à la tribune, lisant* : Les Députés, soussignés, proposent à la Chambre d'autoriser le bureau à demander à la Chambre des Comptes, pour tel usage que de raison, sa comptabilité du mois de février dernier, Département de l'Intérieur, arrondissement de Port-au-Prince.

Chambre des Députés, ce 28 mai 1897.

Signé : SUDRE DARTIGUENAVE.

Appuyé : A. CLERMONT, V. ANGLADE, PIERRE-LOUIS DUCAS, C. HÉRAUX, A. GACHET, O. CAVÉ, J.-J.-E. SIDNEY.

M. le PRÉSIDENT : Je consulte l'Assemblée sur la proposition faite par l'honorable Député Dartiguenave. (*Approbation, acquiescement.*)

M. le PRÉSIDENT : Le bureau, pour donner suite à la proposition Dartiguenave, écrira donc à la Chambre des Comptes.

. . . .

. . . .

LIBERTÉ — ÉGALITÉ — FRATERNITÉ

RÉPUBLIQUE D'HAITI

Port-au-Prince, le 28 mai 1897, An 94e de l'Indépendance.

CHAMBRE DES DÉPUTÉS

—

Correspondance nº 37

—

MESSAGE A LA CHAMBRE DES COMPTES

MESSIEURS,

La Chambre des Représentants, sur la proposition d'un de ses membres, a décidé de vous adresser le présent Message pour vous demander, pour tel usage que de raison, votre comptabilité du mois de février dernier. *Département de l'Intérieur*, arrondissement de Port-au-Prince.

L'Assemblée vous renouvelle, Messieurs, etc.

Le Président de la Chambre.

Signé : V. GUILLAUME.

LIBERTÉ — ÉGALITÉ — FRATERNITÉ

RÉPUBLIQUE D'HAITI

Port-au-Prince, le 29 mai 1897, An 94e de l'Indépendance.

[CORRES]PONDANCE GÉNÉRALE

—

No 221

—

LA CHAMBRE DES COMPTES

A

LA CHAMBRE DES REPRÉSENTANTS

MESSIEURS LES DÉPUTÉS,

La Chambre des Comptes, conformément à votre Message en date du 28 du courant, au no 37, a l'honneur de vous envoyer en communication, pour *le Département de l'Intérieur*, arrondissement de Port-au-Prince, la comptabilité du mois de février dernier, consistant en un relevé de dépenses et une copie du Livre-Journal.

Elle vous prie d'agréer, Messieurs les Députés, les assurances, etc.

Le Président de la Chambre des Comptes.

Signé : THOMAS MILLS.

Arrondissement financier
DE PORT-AU-PRINCE

État des ordonnances de dépense émises

3e DIVISION. INTÉRIEUR.

. . . .

No 44 — DU 12 FÉVRIER

Intérieur, 3e Division.

Ch. 5e, sect. 1re, frais extraordinaires..	$2.000	»		
Au Département de l'Intérieur, la somme de *deux mille gourdes* pour *frais extraordinaires faits* par ce Département; ce, d'après décision du Conseil des Secrétaires d'Etat transmise à l'Administration des Finances, par dépêche du Secrétaire d'Etat dudit Département en date du 6 février 1897, au no 89, dont copie.				

. . . .

No 45 — DU 12 FÉVRIER

Intérieur, 3e Division.

Ch. 5e, sect. 1re, frais extraordinaires..	2.000	»		
Au Département de l'Intérieur, la somme de *deux mille gourdes* pour *couvrir* celui de la *Justice* d'une pareille *valeur depensée* pour *frais extraordinaires* faits pour compte du Département de l'Intérieur; ce, d'après décision du Conseil des Secrétaires d'Etat transmise à l'Administration des Finances par dépêche du 6 février 1897, au no 90.				

No 46 — DU 12 FÉVRIER

Intérieur, 3e Division.

Ch. 5e, sect. 1re, frais extraordinaires..	2.000	»		
Au Département de l'Intérieur, la somme de *deux mille gourdes* pour *couvrir* celui de la *Guerre* d'une pareille *valeur dépensée* pour *frais extraordinaires* faits pour compte du Département de l'Intérieur; ce, d'après décision du Conseil des Secrétaires d'Etat transmise à l'Administration des Finances par dépêche du 6 février 1897, au no 91.				

No 47 — DU 12 FÉVRIER

Intérieur, 3e Division.

Ch. 5e, sect. 1re, frais extraordinaires..	2.000	»		
Au Département de l'Intérieur, la somme de *deux mille gourdes* pour *couvrir* celui des *Finances* d'une pareille *valeur dépensée* pour *frais extraordinaires* faits pour compte du Département de l'Intérieur; ce, d'après décision du Conseil des Secrétaires d'Etat transmise à l'Administration des Finances par dépêche du 6 février 1897, au no 92.				
			$8.000	»

. . . .

CHAMBRE DES DÉPUTÉS

2e Session ordinaire de la 21e Législature.

SÉANCE DU LUNDI 31 MAI 1897.

Présidence de M. le DÉPUTÉ V. GUILLAUME.

. . . .

. . . .

. . . .

. . . .

Demande d'interpellation déposée par M. le Député Sudre Dartiguenave.

M. LE DÉPUTÉ DARTIGUENAVE : Je demande la parole.

M. LE PRÉSIDENT : Elle vous est accordée.

M. LE DÉPUTÉ DARTIGUENAVE, *à la tribune, lisant :* Les Députés, soussignés, proposent à la Chambre d'interpeller le Ministre de l'Intérieur à la séance de mercredi 2 juin...

M. LE PRÉSIDENT, *interrompant :* Je fais rappeler à mon honorable collègue Dartiguenave que, ayant reçu un message du Sénat de la République, j'ai, de concert avec le bureau de ce grand Corps, fixé à mercredi le dépôt de l'Exposé général de la Situation de la République qui doit être fait par le Cabinet.

M. LE DÉPUTÉ DARTIGUENAVE, *reprenant la lecture :* Les Députés, soussignés, proposent à la Chambre d'interpeller le Ministre de l'Intérieur à la séance du vendredi 4 juin prochain, à onze heures du matin, à l'effet de donner des explications sur *quatre ordonnances de dépenses* émises par le Département de l'Intérieur, au mois de février dernier, sous les n°s 41, 45, 46 et 47, pour une somme de *deux mille gourdes* chacune.

Chambre des Représentants, 31 mai 1897.

Signé : SUDRE DARTIGUENAVE.

Appuyé : O. CAVÉ, V. ANGLADE, A. GACHET,

. . . .

. . . .

. . . .

LIBERTÉ — ÉGALITÉ — FRATERNITÉ

RÉPUBLIQUE D'HAITI

Port-au-Prince, le 31 mai 1897, An 94e de l'Indépendance.

CHAMBRE DES DÉPUTÉS

—

Correspondance n° 44

—

MONSIEUR LE SECRÉTAIRE D'ÉTAT DE L'INTÉRIEUR,

MONSIEUR LE SECRETAIRE D'ÉTAT,

La Chambre des Représentants, conformément à l'article 117 de la Constitution, vient de décider de vous inviter à vous présenter dans son sein vendredi prochain, 4 juin, à onze heures du matin, aux fins de répondre à une interpellation proposée par un de ses membres : elle consiste à donner des explications sur *quatre ordonnances de dépenses* émises par le Département de l'Intérieur, au mois de février dernier, sous les n°s 44, 45, 46 et 47, pour une somme de $ 2,000 (*deux milles gourdes*) chacune.

Ci-inclus copie de la proposition d'interpellation. L'Assemblée saisit cette occasion pour vous renouveler, Monsieur le Secrétaire d'État, les assurances, etc.

Le Président de la Chambre,

Signé : V. GUILLAUME.

CHAMBRE DES DÉPUTÉS

2e Session ordinaire de la 21e Législature.

SÉANCE DU VENDREDI 4 JUIN 1897

Présidence de M. le Député V. GUILLAUME.

La majorité constitutionnelle étant constatée, la séance est déclarée ouverte.

M. LE PRÉSIDENT : Messieurs, vu la présence du Cabinet au banc réservé aux organes de l'Exécutif, je vous consulte à savoir s'il n'y a pas lieu de suspendre les deux premiers points de notre ordre du jour pour passer au troisième point relatif à l'interpellation du Secrétaire d'État de l'Intérieur.

Plusieurs voix : Oui, oui, oui.

M. LE PRÉSIDENT : Messieurs, l'Assemblée ayant accepté de discuter avant les deux premiers points de notre ordre du jour, la proposition d'interpellation du Secrétaire d'État de l'Intérieur, je m'en vais vous donner lecture de la proposition qui est ainsi libellée :

« Les Députés soussignés proposent à la Chambre d'interpeller le Ministre de l'Intérieur à la séance de vendredi 4 juin prochain, à onze heures du matin, à l'effet de donner des explications sur *quatre ordonnances de dépenses* émises par le *Département de l'Intérieur* au mois de février dernier, sous les n°s 44, 45, 46 et 47, pour une somme de *deux mille gourdes* chacune. »

Chambre des Représentants, le 31 mai 1897.

Signé : SUDRE DARTIGUENAVE,

Appuyé : A. GACHET, V. ANGLADE, O. CAVÉ.

M. LE PRÉSIDENT, *continuant :* La parole est au Député Dartiguenave, auteur de la proposition d'interpellation.

M. SUDRE DARTIGUENAVE, *à la tribune :* Monsieur le Secrétaire d'État de l'Intérieur, nous vous avons donné rendez-vous à la tribune de la Chambre pour avoir des explications sur *quatre ordonnances* émises par votre Département au mois de février dernier, sous les numéros 44, 45, 46 et 47, montant chacune à la somme de *deux mille gourdes* et ainsi libellées. (*L'orateur donne lecture de ces ordonnances* [1]). Ces ordonnances, affirme-t-on, n'étant appuyées d'aucune pièce justificative, comme l'exige le règlement pour le service de la trésorerie, l'on croit généralement (et la femme de César ne doit pas être soupçonnée), l'on croit généralement, dis-je, *qu'au mépris de la Constitution, doublée* de la loi

(1) Voir le libellé de ces ordonnances dans l'extrait de comptabilité envoyé par la Chambre des Comptes à la Chambre des Députés, page 20.

budgétaire, *renforcée* de votre beau programme du 4 janvier dernier, les *quatre nouveaux ministres* se sont adjugé les *huit mille gourdes* pour *frais d'installation*, sous *la rubrique de frais extraordinaires* et *d'avances faites* pour compte de votre Département par d'autres Départements. — Vous, tous si attachés *au respect des lois*, il serait fâcheux que vous fussiez les premiers *à les violer* à un moment où le pays se débat dans les convulsions du désespoir, à un moment où la situation financière est déplorable, à un moment où le commerce est aux abois, à un moment où l'agriculture a sérieusemeut besoin d'être encouragée, à un moment enfin où, dans le but de réaliser certaines économies, vous avez jeté sur le pavé une foule de pères de famille et de jeunes gens. — L'opinion publique vous a dénoncé, Monsieur le Secrétaire d'Etat.

(*Bruits. Interruption dans l'auditoire.*)

M. LE PRÉSIDENT : Messieurs de l'auditoire, l'article 70 de nos règlements prescrit ce qui suit :

« Art. 70. — Pendant les séances, les personnes « placées dans l'auditoire se tiennent assises, découver- « tes et en silence ;

« Elles ne peuvent, sous quelque prétexte que ce « soit, s'introduire dans l'enceinte où siègent les « membres de l'Assemblée ;

« Elles doivent s'abstenir de toute marque d'appro- « bation ou d'improbation sous peine d'être invitées à « se retirer ;

« Si elles troublent les délibérations, elles seront « appréhendées au corps et traduites devant l'autorité « compétente. »

(Cet article est affiché par les huissiers.)

M. Sudre Dartiguenave, *continuant :* Je regrette de constater que le mauvais exemple de ce bruit soit parti de M. le Secrétaire d'État des Finances.

Je me répète. L'opinion publique vous a dénoncé. Il importe donc que, par des explications nettes, claires, précises et concordantes, vous jetiez un jour utile sur ce qui fait l'objet de l'interpellation, afin de démontrer à tous que votre plan d'administration, basé sur *l'économie* et le *respect des lois,* ait vraiment pour auréole la probité et la vertu politiques.

L'accusation portée contre votre Département semble se justifier par la simultanéité des ordonnances dont s'agit. On s'étonne, en résumé, qu'au mois de février, à la même date, dans la même journée, vous ayez eu à émettre les quatre ordonnances, dont l'une pour compte de *votre Département* et les trois autres pour compte des Départements *des Finances, de la Guerre* et *de la Justice.* Voilà sur quoi vous êtes invité à nous renseigner d'une façon si intelligible que tout soupçon soit dissipé sur votre manière de faire.

J'ai brièvement exposé le sujet de l'interpellation ; je descends de la tribune, me réservant de vous y succéder, Monsieur le Secrétaire d'État, après vous avoir entendu. *(Rumeurs, applaudissements.)*

M. le Secrétaire d'État de l'Intérieur : Je demande la parole. (*Bruyants applaudissements de l'auditoire.*)

M. le Président : Pardon, Monsieur le Secrétaire d'État. Je vous prie de garder votre place; avant de vous accorder la parole, je dois régler un service d'ordre intérieur de la Chambre.

Monsieur le Chef de bureau, veuillez écrire immédiatement au Département de l'Intérieur pour demander la force armée aux fins de garantir la sécurité de la séance de ce jour.

M. le Secrétaire d'État de l'Intérieur : La force est là... c'est l'opinion publique!!!... *(Bruits, rumeurs dans l'auditoire. — Des coups de sifflets de police se font entendre.)*

M. le Président se couvre et suspend la séance.

M. le Secrétaire d'État de l'Intérieur *à la tribune :* Je demande la parole.

M. le Président : J'ai déjà déclaré que la séance est suspendue pour un quart d'heure.

M. le Secrétaire d'État de l'Interieur : Eh bien! je resterai à la tribune jusqu'à ce qu'elle soit reprise.

Dix minutes après, la séance est reprise.

M. le Président : Messieurs, la séance est reprise. Avant de continuer la discussion de notre ordre du jour, je porte à votre connaissance que le Secrétaire d'État de l'Intérieur a refusé de recevoir ici le Message de la Chambre lui demandant la force pour garantir les délibérations de l'Assemblée (1). Lui, membre du

---

(1) ...MBRE DES DÉPUTÉS — *Port-au-Prince, le 4 juin 1897. An 94e de l'Indépendance*

...orrespondance n° 48

MESSAGE AU SECRÉTAIRE D'ÉTAT DE L'INTERIEUR

Monsieur le Secrétaire d'État,

Les délibérations de la Chambre étant troublées par les personnes placées dans l'auditoire, conformément au quatrième paragraphe de l'article 70 du règlement de l'Assemblée, je vous invite à mettre à sa disposition la force armée, afin de faire respecter et les travaux de la Chambre et sa dignité.

Agréez, Monsieur le Secrétaire d'État, les assurances, etc.

Le Président de la Chambre,
Signé : V. Guillaume.

Gouvernement, il devrait être le dernier à refuser son concours pour maintenir la sécurité de la Chambre.

M. LE SECRÉTAIRE D'ÉTAT DE L'INTÉRIEUR : Je n'ai pas refusé d'accepter le Message de la Chambre. J'ai demandé qu'il fût remis au Département de l'Intérieur.

M. LE PRÉSIDENT : C'est encore un refus. Vous devez être assuré de ce fait, qu'en renvoyant le Message au Ministère il restera sans résultat.

M. LE SECRÉTAIRE D'ÉTAT DE L'INTÉRIEUR : Puisqu'il en est ainsi, l'Inspecteur en chef de la police, qui est ici, restera aux ordres de l'Assemblée.

M. LE PRÉSIDENT : Nous continuons la discussion de notre ordre du jour. La parole est au Secrétaire d'État de l'Intérieur.

M. VALÉRIUS DOUYON, Secrétaire d'État de l'Intérieur : Messieurs les Députés, en appelant à ses côtés les membres du Cabinet actuel, le Général Sam s'est fait l'interprète de l'opinion publique. L'opinion publique veut voir à la tête des affaires du pays des hommes purs et sans tache (1), des hommes qui ont vieilli honorablement sous le drapeau de la probité, des hommes dont le passé politique offre des garanties à l'avenir, des hommes qui tiennent à honneur de respecter la liberté

---

(1) A tort ou à raison, en 1891, le Département des Finances, ayant eu des suspicions sur la gestion de M. Valérius Douyon (aujourd'hui Secrétaire d'Etat de l'Intérieur, et alors Directeur de la Douane de Port-au-Prince), institua une commission de vérification des comptes de ce fonctionnaire. Cette commission, après de minutieuses investigations, conclua à la *prévarication* et à la *culpabilité* du Directeur Douyon. L'affaire, déférée à la justice, attend une solution; toutefois, jusqu'à l'heure où j'écris, M. Douyon, que je veux croire *sans tache*, n'a jamais bénéficié d'un renvoi hors de Cour ni d'une ordonnance de non-lieu de la Chambre d'Instruction.

de leurs concitoyens (1), des hommes qui sont décidés à faire respecter les deniers de la caisse publique (2), des hommes qui doivent respecter et faire respecter la Constitution.

A peine installé, le Ministère a mis la main aux réformes les plus urgentes nécessitées par la situation actuelle du pays. N'ayant jamais eu peur du lendemain, du lendemain qui n'appartient qu'à Dieu seul, le Ministère a attaqué courageusement les abus qui tuent le pays.

Dût-il être emporté par le vice coalisé...

M. le Député Dartiguenave ; Répétez encore.

M. le Secrétaire d'État de l'Intérieur : Je ne relève pas de vous, Monsieur Dartiguenave. *(Tumulte.)*

M. le Président agite la clochette et invite MM. les orateurs à ne pas le mettre dans la dure nécessité de les rappeler à l'ordre.

M. Valérius Douyon, Secrétaire d'État de l'Intérieur, *continuant* : ... Dût-il être emporté par le vice coalisé,

---

(1) Extrait du journal *le Courrier des Antilles* du mercredi 30 juin 1897, 1re année, no 29 :

« ILLÉGALITÉ

« Deux jours après son arrestation annoncée dans ce journal, le général Alluption Casimir a été mis en liberté. Ceux qui, rompant avec le passé, ont su se convaincre aussi promptement de son innocence mériteraient de vives félicitations s'ils avaient pris la précaution de faire observer les prescriptions légales.

« On rapporte, en effet, que M. le général Alluption a été arrêté aux ordres des deux commissaires chargés d'exécuter les perquisitions chez lui.

« Il y a lieu de s'étonner qu'en *pleine paix* et sans qu'il y ait eu *flagrant délit, les formes protectrices de la liberté individuelle n'aient pas été préférées aux caprices* de deux agents de la force publique. »

(2) Voir extrait du procès-verbal du Conseil des Secrétaires d'Etat où les Ministres se sont *illégalement* attribué *deux mille gourdes* chacun comme *frais d'installation*, page 217.

ce sera un honneur pour le Ministère de tomber (1) victime de son patriotisme, victime de son irrévocable résolution de poursuivre invariablement l'exécution de son programme du 4 janvier 1897.

A d'autres époques et à une époque qui n'est pas bien éloignée de nous, le peuple haïtien a vu les membres actuels du Ministère à l'œuvre. Ils ne se déjugeront point.

Je m'étonne que M. le Député Dartiguenave, qui a été, comme moi, Commissaire du Gouvernement, ait pu, sur de simples on-dit, interpeller le Cabinet (2) sur l'émission de quatre ordonnances pour frais d'installation.

M. LE DÉPUTÉ DARTIGUENAVE, *interrompant* : Je n'ai jamais été, comme vous, Commissaire du Gouvernement. (*Rumeurs dans l'Assemblée et dans l'auditoire.*)

---

(1) Je ne m'arrêterai pas sur les termes irrévérencieux employés par M. le Ministre de l'Intérieur en parlant de la Chambre ; ce que je veux faire ressortir, c'est la déclaration de ce Ministre qui reconnaît bien que, suivant des précédents, suivant des prérogatives consacrées sous l'empire de la Constitution en vigueur, la Chambre des Députes pouvait, par un *vote de non-confiance*, décider des Secrétaires d'Etat soucieux, bien entendu, de leur dignité, à résigner leurs fonctions.

Le Cabinet, contrairement à la déclaration du Ministre de l'Intérieur, loin de s'effacer devant le vote de *l'ordre du jour motivé* de la Chambre des Députés, essaya, *mais vainement*, de pousser le Président de la République sur la *voie* d'une grosse inconstitutionnalité : la dissolution, non accordée à l'Exécutif par notre Charte constitutonnelle. Le Président Sam ne consentit point, malgré leurs menées, à souscrire à une mesure que ses collaborateursp olitiques voulaient lui dicter, mesure — les Ministres s'en souciaient peu — qui pouvait peut-être compromettre la stabilité de son Gouvernement.

(2) Le Cabinet n'avait jamais été interpellé, mais bien le Secrétaire d'Etat de l'Intérieur.

Voir séance du 31 mai, page 21 (Proposition d'interpellation).

M. A. Firmin, Secrétaire d'État des Finances, etc. : Je demande la parole.

M. le Président : Je prie les membres du Gouvernement de vouloir bien se faire inscrire avant de demander la parole. Il y a quelqu'un qui dirige l'Assemblée.

Il est de mon devoir, quand un orateur s'écarte de la question, de l'y rappeler. Voilà ce que dit la proposition de l'interpellation. (*M. le Président donne une nouvelle lecture de la proposition.*)

Je prie les honorables membres de cette Assemblée de se contenir afin de m'empêcher de les rappeler à l'ordre.

M. L.-A. Gauthier prononce, en aparté, quelques paroles qui n'ont pu être entendues.

M. le Secrétaire d'État de l'Intérieur : Quant à vous, Monsieur Gauthier, j'ai le droit de vous dire de bien grandes vérités pour m'avoir fait passer quatre ans en exil. (*Bruit; rumeurs dans l'auditoire.*)

M. L.-A. Gauthier : Alors, je vous répondrai personnellement aussi.

M. le Président : Si l'article 70 de nos règlements ne doit pas être observé, c'est un défi jeté à l'Assemblée.

M. Firmin, Secrétaire d'État des Finances, etc. : Il serait bon, Monsieur le Président, d'inviter MM. les Députés à ne pas interrompre le Secrétaire d'État de l'Intérieur au moment où il parle.

M. le Président : Je n'ai aucun pouvoir à ces fins.

M. Firmin, Secrétaire d'État des Finances, etc : C'est une injustice.

(Cette fois, le tumulte dans l'auditoire est tellement grand que le Président suspend la séance pour inviter l'Inspecteur en chef de la Police à appréhender au corps, pour être livrées à la justice, toutes les personnes de l'auditoire qui troublent les délibérations de l'Assemblée (1).

(Dix minutes après, la séance est reprise.)

M. LE PRÉSIDENT : La parole est au Secrétaire d'État de l'Intérieur.

M. VALÉRIUS DOUYON, Secrétaire d'État de l'Intérieur, *continuant* : Il me semble qu'avant d'interpeller le Cabinet on aurait dû se transporter au Ministère des Finances, où se centralisent toutes les ordonnances, pour s'assurer du fait (2). Là, il aurait constaté la fausseté de ces on-dit.

Port-au-Prince, le 4 juin 1897, An 94e de l'Indépendance.

CHAMBRE DES DÉPUTÉS

—

Correspondance n° 49

—

L'INSPECTEUR EN CHEF DE LA POLICE ADMINISTRATIVE DE LA CAPITALE.

GÉNÉRAL,

Conformément au 4e paragraphe de l'art. 70 du règlement de la Chambre, je vous invite à appréhender au corps, pour être traduites devant l'autorité compétente, toutes personnes qui se trouveront dans l'auditoire de la Chambre faisant des signes d'applaudissement ou d'improbation et troublant les délibérations de l'Assemblée.

Prêtez la main à cette mesure et recevez, Général, etc.

Le Président de la Chambre,

Signé : V. GUILLAUME.

Pareilles lettres ont été écrites, sous les nos 50 et 51, à la même date, aux généraux commandant l'Arrondissement et la Place de Port-au-Prince.

(2) M. le Ministre de l'Intérieur a bien raison de nous dire que toutes les ordonnances de dépense sont centralisées au bureau de son collègue des Finances. Il a seulement omis de dire que, comme point de centralisation, il se trouve donc à ce Ministère et *ordonnances payées* et *ordonnances impayées*, qui sont, suivant la loi, remises à la Chambre des Députés, comme pièces justificatives, au dépôt des comptes généraux de la République.

En février dernier, le Président d'Haïti avait décidé d'entreprendre sa première tournée dans le département du Sud, et, comme une dépense extraordinaire ne doit être faite sans une délibération spéciale, le Conseil des Secrétaires d'État avait arrêté (1) qu'une valeur de *deux mille gourdes* serait mise à la disposition des quatre départements ministériels (2), dont les titulaires, accompagnés de quelques employés, devraient voyager, et ce afin de faire face à toutes les dépenses que nécessiterait cette tournée.

Voilà, Messieurs les Députés, les motifs qui ont fait émettre les quatre ordonnances dont s'agit.

Cette tournée dans le département du Sud ayant été différée, la valeur de ces ordonnances n'a pas été touchée de la Banque nationale.

Cependant, pour fêter les anniversaires des 31 mars et 15 mai de cette année, le Conseil des Secrétaires d'État autorisa le chef du Département de l'Intérieur à toucher, une première fois, la somme de *deux cents gourdes*, et, une deuxième fois, la somme de *deux cents gourdes* sur une de ces ordonnances, en raison de l'épuisement du chiffre voté au budget pour les dépenses

---

(1) Art. 118 — « Les Secrétaires d'Etat sont respectivement responsables tant des actes du Président qu'ils contresignent que de ceux de leur Département, ainsi que de l'inexécution des lois; en aucun cas l'ordre verbal ou écrit du Président *ne peut soustraire* un Secrétaire d'Etat *à la responsabilité.* » (Constitution en vigueur.)

(2) Art. 120. — « Chaque Secrétaire d'Etat reçoit du Trésor public, pour tout *frais de traitement*, une indemnité annuelle de six mille piastres fortes. » (Constitution en vigueur.)

Art. 162. — « Aucune pension, aucune gratification, aucune allocation, aucune subvention quelconque, à la charge du Trésor public, ne peut être accordée qu'en vertu d'une loi. » (Constitution en vigueur.)

extrordinaires, afin de couvrir les frais qui seraient faits à l'occasion de ces deux fêtes.

Ces *quatre cents gourdes* ont servi à payer ceut soixante-trois gourdes à M. Paillère père pour les matériaux qu'il a vendus pour la construction d'un théâtre dans la salle d'audience du Palais national; à payer *trente-cinq gourdes* de divers frais faits et à solder *deux cent deux gourdes* de boissons fournies pour la réception des nombreux invités. Tout le monde doit se rappeler ces deux fêtes.

Ces ordonnances dormaient paisiblement dans la poussière des archives du Ministère des Finances quand l'interpellation s'est produite comme pour leur donner une actualité malfaisante. Cette interpellation les a réveillées de leur long sommeil pour les faire voyager au Palais de la Chambre des Représentants du Peuple où l'on peut constater (1) le motif de leur émission et non-emploi de leur valeur qui n'a jamais été touchée.

Je suis heureux, Messieurs les Députés, de pouvoir vous fournir, au sujet d'une affaire qui ne méritait pas tant de retentissement, les renseignements que vous désirez. Aussi est-ce pourquoi je vous ai déclaré, à la séance de lundi dernier, que j'étais prêt à vous les fournir sans avoir besoin d'aucun délai moral, sans avoir besoin de recourir à aucun chiffre.

Vous le voyez, Messieurs les Députés, ces renseignements sont simples et clairs. Ils ne manqueront pas de

---

(1) Le Cabinet n'ayant pas soumis, comme cela se pratique, les ordonnances en question au bureau de la Chambre pour permettre même d'établir leur identité, et ces pièces n'ayant été l'objet d'aucun examen, étant restées toute la durée des discussions entre les mains des Ministres, il eût été bien difficile de constater tout ce que nous dit le Ministre de l'Intérieur.

satisfaire votre désir d'être au courant de tout ce que fait le Cabinet actuel.

M. le Député Sudre Dartiguenave : Messieurs, j'ai concentré toute mon attention sur le long papier que vient de nous lire M. le Secrétaire d'Etat de l'Intérieur, et j'arrive à conclure qu'il a tout prouvé, excepté ce qu'il doit prouver. Il a vraiment fait comme ces chasseurs qui visent le rien et l'atteignent. Nous allons nous expliquer un moment.

Sous les numéros 41, 45, 46 et 47, le Département de l'Intérieur a émis, au mois de février dernier, quatre ordonnances, dont l'une pour *son compte personnel* et les trois autres pour compte, y est-il dit, des Départements des *Finances*, de la *Guerre* et de la *Justice*, pour autant *avancé* par ces trois Départements, faveur du Département de l'Intérieur. Que ces ordonnances soient touchées en tout ou en partie, le mode de leur émission constitue *une infraction* aux articles 16, 19 et 25 (1) du règlement pour le service de la trésorerie. Il n'y a qu'à lire ces articles pour s'en convaincre. Vous avez, en outre, d'une façon flagrante, *violé* les articles 162 et 164 de la Constitution. Veuillez écouter pour votre gouverne. Art. 162 : Aucune pension, aucune

---

(1) Art. 16. — « Les titres de chaque liquidation doivent offrir les preuves des droits acquis aux créanciers de l'Etat et être rédigés dans la forme réglementaire. »

Art. 19. — « Aucun paiement ne pouvant être effectué pour l'acquittement d'un service fait, la constatation des droits des créanciers doit toujours précéder l'émission des ordonnances. »

Art. 25. — « Les ordonnances de paiement doivent désigner le titulaire de la créance par son nom et au besoin par ses prénoms, si sa qualité, qui doit être aussi énoncée, ne suffit pas pour établir l'identité. Les sommes en chiffre inscrites dans le corps d'une ordonnance, ainsi que toutes pièces à l'appui, doivent être énoncées en toutes lettres dans le libellé de l'ordonnateur. »

gratification, aucune allocation, aucune subvention quelconque à la charge du Trésor public, ne peut être accordée qu'en vertu d'une loi. »

Il n'y a aucune loi qui vous accorde des frais d'installation ; les valeurs touchées l'ont été, par voie de conséquence, d'une façon illégale.

M. le Secrétaire d'Etat nous dit qu'il s'agit de frais pour une tournée qu'on devait entreprendre avec le Président de la République, que les *huit mille gourdes* ne sont pas encore touchées et, comme pour donner une violente entorse aux faits, il nous parle de *quatre cents gourdes* qui ont été distraites de la valeur portée dans les ordonnances dénoncées. Examinons avec calme la déclaration de M. le Secrétaire d'Etat. Si les *huit mille gourdes* ont été prévues pour frais de tournée, comme vous l'*insinuez adroitement*, il fallait le dire *franchement* dans vos ordonnances. Quoi que vous prétendiez aujourd'hui, il n'est pas possible que vous ayez tiré seulement *quatre cents gourdes* de cette valeur, pour je ne sais plus quel motif.

Une voix : Théâtre.

Une autre voix : Pour boisson.

M. Firmin, Secrétaire d'Etat, etc. : C'était pour fêter l'anniversaire de l'élection de Son Excellence le Général Tirésias Simon Sam qu'on avait tiré *qnatre cents gourdes* d'une de ses ordonnances.

M. Sudre Dartiguenave : Je veux bien l'admettre. Puisque la tournée ne se faisait plus, vous aviez pour devoir de dresser des ordonnances en remboursement de cette valeur, sauf à en dresser une toute petite pour fêter l'anniversaire de l'élection du Président. Je m'explique difficilement qu'étant six Ministres on ait pensé à faire une sortie de fonds en faveur seulement des quatre nouveaux. Le Ministre des Finances ne voyage pas, et voilà que, pour ce fait, il aura à toucher *deux mille gourdes*. En vertu de quelle loi agissez-vous? Si nous ouvrons la Constitution, nous trouvons à l'article 164 ce qui suit :

« Le budget de chaque Secrétaire d'Etat est divisé en chapitres.

« Aucune somme allouée pour un chapitre ne peut « être reportée au crédit d'un autre chapitre et « employée à d'autres dépenses sans une loi.

« Le Secrétaire d'Etat des Finances est tenu, sur sa « responsabilité personnelle, de ne servir chaque mois, « à chaque département ministériel, que le douzième « des valeurs votées dans son budget, à moins d'une « décision du Conseil des Secrétaires d'Etat pour cas « extraordinaire. » (*Rumeurs, bruit dans l'auditoire.*)

Messieurs les Secrétaires d'Etat : Eh bien! eh bien!

M. Sudre Dartiguenave, *continuant:* Quelque respectueux que vous soyez du texte constitutionnel, vous ne pouvez pas me dire que frais de théâtre sont des frais extraordinaires, lorsqu'il n'y a surtout aucune loi qui accorde de subventions aux théâtres. Le Législateur Constituant ne s'oublierait pas jusqu'à prévoir dans la Constitution que, par extraordinaire, l'on pourrait avoir des fêtes à donner. Les sorties de fonds pour fêtes ne sont inscrites que dans le budget.

Je reviens à la question. L'article 164 interdisant à un même Secrétaire d'Etat de reporter une somme allouée pour un chapitre au crédit d'un autre chapitre à un Secrétaire d'Etat, à plus forte raison ne peut reporter une somme allouée à son Département au crédit d'un autre Département. Donc, si, sur ces ordonnances, vous avez touché *quatre cents gourdes,* c'est en violation de la Constitution que vous l'avez fait, que ce soit pour frais d'installation, que ce soit pour fêtes.

Les ordonnances émises n'étant appuyées d'aucune pièce justificative, elles constituent une fraude manifeste à l'article 25 du règlement pour le service de la Trésorerie, qui prescrit que « toute ordonnance de dépenses « doit être appuyée de pièces qui constatent que l'or- « donnance a pour effet d'acquitter une dette de l'Etat « régulièrement appuyée ».

En définitive, vos ordonnances sont présentées sous une fausse rubrique. Vous avez remis à la Chambre des Comptes des ordonnances qui ont un caractère fictif.

Leroy-Beaulieu l'explique ainsi : « Un mandat fictif « est un mandat parfaitement régulier en apparence, « qui est présenté à une caisse publique appuyée de « justifications faussement établies, c'est-à-dire des « mémoires s'appliquant à des dépenses simulées, de « quittances supposées, d'attestations et de déclarations « mensongères. Comme les pièces produites sont régu- « lières dans la forme, le payeur n'a pas le droit de « refuser le paiement ; l'autorité judiciaire est très sou- « vent dans l'impossibilité de reconnaître la fraude, à « moins que les faits ne soient flagrants ou que des « circonstances fortuites ne fassent connaître au public « la vérité. L'opinion et la loi sont, d'ailleurs, très « indulgentes, trop indulgentes pour les mandats fic- « tifs. »

« On ne considère pas comme un acte nécessaire- « ment délictueux ou criminel le détournement de cré-

« dits budgétaires destinés à dissimuler des dépenses « qui n'ont pas été revêtues des autorisations légales. On « admet que l'emploi de pièces fictives dans une comp- « tabilité ne constitue un faux qu'autant que la substi- « tution ou la falsification des pièces aurait été faite « dans un but de profit personnel ou de préjudice à « autrui. Ce langage nous paraît beaucoup trop clé- « ment ; c'est en termes bien plus sévères qu'il faut « condamner ces mandats fictifs et ces comptabilités « occultes. En principe, on doit les assimiler au vol et « à l'escroquerie, quitte à admettre, dans des cas parti- « culiers, des circonstances atténuantes. On ne saurait « excuser en général les actes déloyaux par lesquels « un simple agent substitue, en usant de ruse et de « formes trompeuses, sa propre volonté à la volonté « des corps électifs, seuls distributeurs légaux des « deniers publics. Les mandats fictifs sont la destruc- « tion du budget et du régime représentatif. »

En terminant, je dis au Ministre de l'Intérieur que les ordonnances en question ne se justifient ni par la loi budgétaire, ni par la Constitution, ni par le programme du Cabinet dont je vais lire une partie : « En « somme, nous croyons, Président, que notre concours « ne peut être efficace à côté de Votre Excellence « qu'autant que le Gouvernement aura l'énergie néces- « saire pour effectuer la réduction des dépenses dans « la mesure que nous avons l'honneur de lui indiquer « ci-dessus. Pour y parvenir, il faut la réduction du « service militaire sur le pied de paix des dépenses de « la marine, la réorganisation du service de la police, « l'application loyale des lois existantes, la suspension « momentanée de toutes dépenses extra-ordinaires dans

« quelque Département ministériel que ce soit, etc., etc. » Ici, je pose une question à M. le Secrétaire d'État de l'Intérieur. En vertu de quelle loi avez-vous émis ces ordonnances ? Je vous défie de me répondre. (*Applaudissements.)*

M. Douyon, Secrétaire d'État, etc. : Je cède la parole à mon collègue des Finances.

(*Protestations de l'Assemblée.)*

M. le Président : Messieurs les Députés, je vous prie de ne pas me mettre dans la dure nécessité de vous rappeler à l'ordre. — M. le Secrétaire d'État de l'Intérieur voudra bien répondre à la question qui lui est posée.

M. Firmin, Secrétaire d'État des Finances : Je demande la parole.

M. Douyon, Secrétaire d'État de l'Intérieur : Le Secrétaire d'État des Finances, ayant la responsabilité morale de ces ordonnances, peut bien répondre à la question posée.

M. Solon Ménos, Secrétaire d'État de la Justice : Monsieur le Président, après mon collègue des Finances, je réclamerai mon tour de parole parce que le Département de la Justice a été mis en cause par M. le Député Sudre Dartiguenave.

M. le Président : Messieurs les Secrétaires d'État, ici, comme ailleurs, il y a une procédure à suivre.

M. Firmin, Secrétaire d'État des Finances : Je connais *toutes les procédures (sic).*

M. le Président : Messieurs les Députés, la Chambre, dans une de ses précédentes séances, a décidé *d'interpeller le Secrétaire d'État de l'Intérieur* pour quatre ordonnances émises par son Département.

Le Ministre des Finances et celui de la Justice désirent prendre part à la discussion ; je vous consulte, car l'article 117 de la Constitution prescrit ce qui suit :

« Ils (les Secrétaires d'État) ont leur entrée dans « chacune des Chambres pour soutenir les projets de « lois et les objections du Pouvoir Exécutif.

« Les Chambres peuvent requérir la présence des « Secrétaires d'État et les interpeller sur tous les faits « de leur administration.

« Les Secrétaires d'État interpellés sont tenus de « s'expliquer.

« S'ils déclarent que l'explication est compromet- « tante pour l'intérêt de l'État, ils demanderont à la « donner à huis clos. »

C'est le Secrétaire d'État de l'Intérieur *seul* qui est interpellé, à moins d'une déclaration du Cabinet et l'assentiment de la Chambre, je ne puis accorder la parole qu'au Secrétaire d'État interpellé.

M. Firmin, Secrétaire d'État des Finances : Tous les Secrétaires d'État sont ici pour prendre part à l'interpellation.

Les autres Secrétaires d'État appuient cette déclara tion par des gestes affirmatifs ; ils se tiennent debout en signe d'acquiescement.

M. le Président : Devant cette déclaration, je consulte la Chambre.

L'Assemblée n'ayant pas fait d'objection, la parole est accordée à M. le Secrétaire d'État des Finances.

M. Firmin, Secrétaire d'État des Finances : Messieurs...

M. Ducasse Pierre-Louis : Messieurs, l'orateur qui vient de descendre de la tribune a adressé une question directement au Secrétaire d'État de l'Intérieur. Il importe donc que le Secrétaire d'État réponde directement sans se servir d'interprète.

M. LE PRÉSIDENT : La question a été déjà posée et résolue. Le Cabinet en entier demande à discuter la proposition d'interpellation.

M. SUDRE DARTIGUENAVE : Puisque chaque membre du Cabinet veut prendre sa part de responsabilité, cela me convient parfaitement.

M. F. FIRMIN, Secrétaire d'État des Finances : Messieurs, permettez-moi, en commençant, de rendre un solennel hommage à la grande vertu de la Chambre des Députés.

En effet, il y a de cela une vingtaine d'années, vers 1876, nous avons vu des députés, fiers du mandat qui leur était confié par le peuple, montrer un ardent désir, une volonté énergique d'exercer pleinement le contrôle de l'administration du pays. Ceux-là étaient bien à la hauteur de leur mission : aptitudes, intégrité, patriotisme, ils réunissaient toutes les hautes qualités qui font des Représentants du peuple les conseillers autorisés du Pouvoir Exécutif. Hélas! la mort a fauché toute cette pléiade d'hommes remarquables, et quand le dernier champion, le dernier héros législatif, si je puis m'exprimer ainsi, descendit dans la tombe, il nous semblait que les grandes voix ne frapperaient plus de leurs échos les voûtes de nos édifices parlementaires. Aussi avons-nous vu toute la nation, sans exception de parti, oublier les luttes de la veille pour faire un cortège grandiose aux restes mortels d'Edmond Paul. Et si l'on traverse le côté sud de la ville et qu'on se dirige au cimetière extérieur, on peut voir, coulés dans le bronze, les traits austères d'Edmond Paul, immortalisés par l'admiration nationale; car ce sont toutes les villes de la République qui ont souscrit la somme nécessaire pour lui élever ce monument. Oui, en le perdant, la patrie prit le deuil des grandes assises parlementaires, des grandes indignations honnêtes, et elle crut, désolée, que toutes les prévarications seraient désormais commises sans qu'il y eût une voix pour les censurer. On a pensé qu'après ces hommes disparus il n'y aurait plus de revendicateurs de la morale politique, prêchant le respect des principes et de la justice; plus de députés assez immaculés pour avoir le droit de protester contre les dilapidations de la caisse publique...

Mais l'on a été injuste : on a oublié qu'à la Chambre il y avait le député Sudre Dartiguenave! *(Applaudissements.)* En effet, Messieurs, c'est le député Dartiguenave qui continue l'apostolat de vos illustres, de vos immortels prédécesseurs. Voyons comment il s'est révélé.

Vers la fin du siècle dernier, la France avait subi la grande commotion politique et sociale que nous appelons la Révolution française. Tous les regards, surtout toutes les consciences et toutes les intelligences étaient tournées vers elle dans une admiration unanime; les races mêmes, dont le génie paraît le plus opposé au génie français, y rendaient un éclatant hommage. Pour ne citer que l'Allemagne, ses plus grands philosophes et son plus grand poète : Herder, Kant et Gœthe, ont applaudi à ce beau mouvement de rénovation de l'humanité. Mais, vous le savez, Messieurs, pour la réalisation des grandes idées comme des grandes actions, il faut des hommes qui les expriment ou les accomplissent. Eh bien! il s'est trouvé, dans ce moment de gestation héroïque, un homme illustre entre tous qui, malgré des écarts de jeunesse, avait amassé dans son cerveau et dans son cœur tout un arsenal de connaissances spéciales et de sentiments explosifs, de façon que, dans la grande Assemblée de 1789, il était considéré comme l'organe autorisé de la grande Révolution française. Je veux parler de Mirabeau. (*Applaudissements.*) Cependant, cette voix puissante et toujours écoutée vint s'abîmer brusquement contre la méfiance et le doute populaires. On ne crut plus à l'intégrité de sa parole, on n'eut plus de foi dans la pureté de ses intentions. Vous vous rappelez tous, sans doute, la profonde horreur qu'éveillaient les rumeurs publiques lorsqu'on parla de la *grande trahison du comte de Mirabeau!* En effet, la découverte de l'armoire de fer mit bientôt au jour la véracité de sa déchéance morale.

Aussi bien, le député Dartiguenave n'a pas voulu perdre l'occasion de signaler son grand zèle du bien public en se croyant l'écho de ces mêmes rumeurs publiques qui avaient dénoncé Mirabeau. Lui aussi, il veut soulever l'indignation de cette Chambre et l'anathème de ce peuple contre la grande prévarication du Cabinet du 17 décembre; et c'est pourquoi il a provoqué l'interpellation du Secrétaire d'État de l'Intérieur pour donner des explications sur les ordonnances aux numéros 41, 45, 46 et 47 — (n'est-ce pas cela, député Dartiguenave?) — émises durant le mois de février dernier.

L'interpellateur a choisi le moment où nos efforts pour ramener l'ordre et l'honnêteté dans l'administration des affaires publiques nous ont amené la confiance de la nation entière pour partir en guerre contre nous C'est là beaucoup de bravoure.

Malheureusement pour lui, il a oublié une chose essentielle, c'est qu'il y a des hommes contre lesquels on ne doit porter une accusation qu'après s'être entouré de toutes les précautions les plus minutieuses, en se munissant de renseignements sérieux et certains.

Messieurs, il y a plus de vingt-cinq ans depuis que je me trouve assez souvent chargé de fonctions publiques dans lesquelles il est possible de faire fortune en se montrant malhonnête (1). Le pays entier sait comment

---

(1) Il est étrange d'entendre M. Firmin déclarer en public, en pleine tribune de la Chambre des Députés, où il y a des personnes qui le connaissent très bien et qui savent, aussi bien que lui, quelles sont les charges publiques qu'il a occupées, « qu'il y a plus de *vingt-cinq ans* qu'il se trouve *assez souvent* chargé de fonctions publiques dans lesquelles il est possible de faire fortune en se montrant malhonnête. » J'affirme, et je jette le défi le plus formel à M. Firmin de me démentir, que, jusqu'en 1889, il y a juste sept ans, il n'a jamais occupé d'autres fonctions que celles d'employé du Conseil d'Arrondissement, professeur d'école et Sous-Inspecteur de la Circonscription scolaire du Cap Haïtien. Ce n'est sans doute pas à ces emplois qu'il a fait allusion, à moins qu'il n'en ait occupé d'autres, mais créés par sa féconde imagination.

Pendant la Révolution du Nord, en 1889, il a été Conseiller-Ministre et plus tard, avec le gouvernement définitif du général Hyppolite, Ministre des Finances, du Commerce et des Relations Extérieures. A-t-il été aussi honnête qu'il l'affirme? Je ne le jurerai pas; car, arrivé aux affaires sans aucune situation de fortune, à peine sorti du Ministère où il a fait juste *dix-sept mois* avec un traitement mensuel de $ 500, soit *huit mille cinq cents gourdes* pour toute sa période ministérielle, il est parti avec toute sa famille pour Paris, où il a fait un séjour de plus de deux ans.

Il n'est pas superflu d'ajouter que, malgré toutes ses dépenses de Paris, — noblesse obligeait, un ancien Ministre des Finances d'Haïti! — dès sa rentrée au pays, il a fait au Cap l'acquisition d'un vaste terrain où il a fait construire une somptueuse maison en pierres de taille, qui, au dire d'experts, ne lui a pas coûtée moins d'une *quarantaine de mille gourdes.*

Il faut bien, en effet, proclamer M. Firmin le premier financier du monde, *habile comme pas un,* puisqu'il a pu faire *une multiplication miraculeuse* lui permettant de faire, peu de temps après sa sortie du Ministère, avec les *huit mille cinq cents gourdes* de traitement de toute sa période ministérielle, des dépenses s'élevant bien au delà.

Les méchantes langues assurent que le *marocain* de M. Firmin

je m'y suis conduit. Me mettant sans effort au-dessus des tentations grossières qu'allume la convoitise des jouissances matérielles, j'ai toujours donné l'exemple d'une probité inattaquable, luttant avec constance pour le relèvement de la patrie, sans d'autres impulsions que celles inspirées par le dévouement à ma race et à mon pays. (*Applaudissements.*)

Chacun de mes collègues peut en dire autant, suivant leur âge et la carrière qu'ils ont parcourue. Et voilà qu'en retour de ce dévouement, qui nous oblige de résister à bien des appétits, nous sommes l'objet d'une accusation accablante, capable de nous faire perdre et notre honneur et notre dignité ! Ne faudrait-il pas être armé de preuves matérielles avant de s'enhardir à nous jeter l'odieux en face de cette Assemblée, en face de cet auditoire frémissant, en face de la République? (*Applaudissements.*) Mais l'interpellateur n'en a eu nul souci.

Vous avez déjà entendu les explications fournies par le Secrétaire d'État de l'Intérieur. Quatre ordonnances de $2,000 ont été émises : l'une, pour frais extraordinaires du Département de l'Intérieur; les trois autres, pour rembourser les dépenses extraordinaires faites par les Départements des Finances, de la Justice et de la Guerre, pour compte du Département de l'Intérieur. Ces ordonnances avaient été dressées à cette époque sur la décision qu'avait prise Son Excellence le Président d'Haïti de faire une tournée dans le Sud (1). Le Chef

---

est encore bien bourré, car, en dehors *des affaires,* il avait eu surtout *une grosse part* du million Saint-Martin.

(1) M. Firmin s'est-il bien rendu compte de ce qu'il a annoncé avec un aplomb aussi imperturbable ? Le Président de la Répu-

de l'État ayant renoncé à cette tournée juste à cause des fortes dépenses qu'elle devait occasionner, ces ordonnances, pour me servir du langage imagé de mon collègue, dormaient dans la poussière du Ministère des Finances, et j'ai dû les en retirer pour vous les montrer à cette tribune même, ainsi que le contre-bon de 1,600 gourde srestant de celle sur laquelle $400 ont été payées pour célébrer l'anniversaire de l'élection du Général Sam à la Présidence.

Quoique le Député Dartiguenave ait déclaré que cette fête n'est pas constitutionnelle ni légale, ce que nous savons autant que lui, le Cabinet se sent fort de l'adhésion du pays, en commémorant splendidement la journée du 31 mars 1896, où la force des choses a fait sortir de l'urne le nom vénéré du Président Sam. *(Applaudissements.)*

Il nous serait impossible de ne pas fêter, selon les plus purs sentiments de notre cœur, un jour qui a été pour tous le jour de la délivrance. Vous savez, Messieurs, dans quelles transes s'était trouvé le pays à la mort du Général Hyppolite. Qui savait alors ce qui allait sortir de cet imbroglio, où l'on était menacé de voir proclamer un nom antipathique à la nation? *(Applaudissements.)* Tout le monde pensait tristement à l'effondrement de la patrie, au milieu de scènes de

---

blique, avant de décider et d'arrêter une tournée, n'aurait-il pas consulté son Ministre des Finances pour savoir si les valeurs des frais à faire étaient disponibles? Dans le cas contraire, comment s'expliquer que, au lieu de penser à faire ordonnancer en dépenses les frais du Chef de l'Etat, le Secrétaire d'Etat de l'Intérieur ait pensé à ses propres frais et à ceux de *ses trois autres nouveaux collègues*, et comment justifier la conduite d'un Ministre des Finances qui, sachant, comme il le dit, qu'il n'y avait pas d'argent, ait pu permettre un ordonnancement à son bénéfice ou à celui de son Département.

carnage où plus d'un aurait laissé sa vie, s'il ne fuyait sur les rives étrangères. Mais les poitrines oppressées eurent un soulagement inespéré par le triomphe du nom d'un soldat, synonyme de loyauté, d'énergie et de patriotisme... J'ai nommé le général Tirésias Augustin Simon Sam, qui a accepté de conduire les destinées du peuple haïtien et qui a honoré le Cabinet de sa haute confiance. *(Applaudissements.)*

Ici, qu'il me soit permis de répondre à la question que l'incorruptible Député Dartiguenave a posée à mon collègue de l'Intérieur, pensant peut-être nous embarrasser. Si les quatre ordonnances devaient servir à payer les frais de tournée des quatre Secrétaires d'Etat avec les employés devant voyager avec eux, dit-il, comment se fait-il que chacun d'eux n'ait pas fait émettre une ordonnance sur le budget de dépenses de son Département? Mais, Messieurs, la réponse est fort simple. Si l'interpellateur était aussi soucieux de se mettre à la hauteur de sa mission de dénoncer le Cabinet à l'indignation nationale, il aurait étudié le BUDGET GÉNÉRAL et n'aurait pas manqué de voir que c'est au budget du Département de l'Intérieur, chapitre 5 et section 1, qu'il se trouve des fonds prévus pour des dépenses éventuelles telles que les frais de tournée. On chercherait en vain dans les budgets des autres départements un chapitre ou une section de chapitre permettant de telles dépenses. Je ne m'arrêterai pas à discuter sur cet argument qu'on est confondu d'entendre sur les lèvres de l'interpellateur, à savoir que les frais de tournée ou de la célébration de la fête du 31 mars ne peuvent être compris sous la rubrique de dépenses extraordinaires.

L'intelligent Député Dartiguenave ne comprend pas, paraît-il, la différence qui existe entre *les dépenses ordinaires et les dépenses extraordinaires.* Pardon, Messieurs : on entend par dépenses extraordinaires celles qui ne se font pas régulièrement, *ordinairement,* mais dans certaines circonstances qui sortent de l'ordinaire. Cette explication est bien triviale, je l'avoue, cependant elle montre que c'est bien le cas de ce qui a été fait pour l'anniversaire de l'élection du Général Sam à la Présidence, et qui allait être fait, si la tournée que le Président était seul appelé à décider ou à différer devait s'effectuer. L'interpellateur fait grand état, Messieurs les Députés, de ce que les ordonnances ne sont pas appuyées, dit-il, de pièces justificatives. Mais, si nous consultons ces ordonnances, nous trouvons qu'elles sont ainsi libellées :

Intérieur, 3e division.

Chapitre 5, Section 1re, P. 2,000.

La Banque Nationale d'Haïti est invitée à payer au Département de l'Intérieur la somme de 2,000 gourdes pour couvrir celui de la Justice (de la Guerre ou des Finances) d'une pareille valeur dépensée pour frais extraordinaires faits pour compte du Département de l'Intérieur, d'après décision du Conseil des Secrétaires d'Etat transmise à l'Administration par dépêche du Ministre de l'Intérieur datée du 6 février courant, n° 90, dont copie ci-jointe, etc.

Ces ordonnances que je vous présente ici sont irréprochables, et c'est bien en vain que l'on parle de l'absence de pièces justificatives exigées par la loi. C'est au Ministre des Finances qu'il appartient, d'après l'article 34 du règlement pour le service de la Trésorerie, de déterminer, dans des nomenclatures arrêtées entre lui et les autres Ministres, les pièces justificatives dont les ordonnances doivent être appuyées. Je demande donc à l'interpellateur de me dire en quoi la nomenclature des pièces justificatives de ces ordonnances contraire aux lois ou règlements existants?... Il est incapable de me répondre. (*Applaudissements.*)

Mais on conteste aux Secrétaires d'Etat le droit même de toucher des frais de tournée. L'honorable Député Dartiguenave, qui est certainement un érudit en droit constitutionnel et administratif, oublie l'article de la loi du 17 juin 1847 qui prescrit ces frais de tournée. Ces dépenses ont été décidées pour les quatre Départements de l'Intérieur, de la Justice, de la Guerre et des Finances, parce que le Président d'Haïti désirait voyager avec les nouveaux Ministres qu'il voulait présenter au pays.

Vous appartient-il, Messieurs, de dire au Président : « Vous voyagerez avec tel Ministre au lieu de tel autre? »

Je déclare que ce serait sortir des attributions de la Chambre, bien qu'un Député, avec toute sa science touffue et tout l'éclat de ses yeux, veuille en penser différemment. (*Applaudissements.*)

Messieurs, en entrant dans toutes ces explications, nous n'avons agi, mon Collègue de l'Intérieur et moi, que par un esprit de délicatesse que chacun comprendra. Car je ne pense pas que les Chambres aient le pouvoir constitutionnel de demander compte au Pouvoir Exécutif des dépenses effectuées en exécution d'un budget de l'exercice courant. Une telle demande faite avant le moment où les Chambres sont autorisées à examiner les *comptes généraux* de la République, conformément aux articles 164, 166 et 167 de la Constitution, est une ingérence dans les actes d'administration qui est du ressort exclusif du Pouvoir Exécutif.

Je n'ai pas voulu soulever de discussion sur ce point en vous présentant une espèce de non-recevoir. C'est afin d'édifier l'opinion publique sur la nature des ordonnances et le mobile inconnu des interpellateurs. Non, il n'y a pas eu des frais d'installation touchés par mes collègues et moi.

Si les ordonnances aux n°s 41, 45, 46 et 47 sur lesquelles on nous a interpellés, pour fournir des explications, étaient destinées à payer ces frais d'installation, il y a longtemps qu'elles seraient payées. Car il ne se comprendrait pas que, faisant des efforts surhumains pour le paiement de tant d'autres dépenses courantes, j'eusse négligé de me satisfaire et de satisfaire mes collègues pour des frais d'installation déjà faits au moins depuis cinq mois.

Je le demande au Député Dartiguenave lui-même : avec l'intelligence fin de siècle dont chacun donne l'exemple dans notre monde parlementaire et officiel, n'aurait-on pas plutôt empoché ces 2,000 gourdes avant même que d'émettre les ordonnances, une fois qu'on serait décidé à toucher des frais d'installation ? (*Applaudissements.*)

C'est là une question de conscience sur laquelle je serais curieux d'entendre sa réponse.

Cependant, on dit que nos meilleures explications seront impuissantes à convaincre la Chambre. Cela est-il vrai ?.....

Messieurs, je vais vous raconter une anecdote que

déjà vous devez connaître, mais qui prendrait un caractère saisissant d'actualité si nous voulions nous en rapporter bénévolement aux bruits qui circulent.

Il y avait, sous le Président Boyer, je crois, un conseil militaire devant lequel avait comparu un malheureux peut-être innocent. Les plaidoiries étaient très brillantes : l'avocat de la défense faisait des prodiges d'efforts pour sauver son client.

Mais le juge, qui, paraît-il, avait rédigé un jugement de condamnation avant l'audience, ne prêta aucune attention aux arguments éloquents de la défense. Il se serra contre la table et dit : « Parlez autant que vous voudrez, j'ai déjà mon gros doigt sur l'article *tuer !* »... Sera-ce la conduite de la Chambre ?...

M. LE PRÉSIDENT : Ne préjugez pas, Secrétaire d'Etat, du vote de la Chambre.

M. FIRMIN, *se reprenant* : C'est le bruit public. On prétend que, quelles que soient les explications fournies par le Cabinet, il y aura un vote de blâme.

Il y a pourtant des habiles. Ceux-là font miroiter mille avantages qu'on peut tirer d'une situation pareille. Mais ont-ils réfléchi sur les maux incalculables qu'ils préparent à la Patrie et sur les conséquences pénibles que peut amener un tel parti pris ?

Vous demandez des explications ; nous sommes venus loyalement vous les apporter. Si, à cette heure, vous vous déclariez non satisfaits, c'est que vous tiendriez à ne l'être jamais...

Messieurs, il y a quatre jours, le Sénateur Mallebranche disait à la Maison nationale que le pays se trouve en face de deux courants, de deux politiques, l'une égoïste, intrigante (celle du vice, de ceux qui ne veulent pas se dépouiller du vieil homme, pour me servir du langage biblique), et l'autre ouverte et libre, qui encourage toutes les jeunes énergies dans la lutte pour le bien (le courant honnête). Le Cabinet, comme le Sénateur, est sans doute dans ce dernier courant.

La Chambre voudrait-elle se laisser emporter par e premier courant, ou par le dernier? Veut-elle dire que nos finances doivent être respectées, ménagées, ou qu'elles seront livrées comme la proie des gens qui ne conspirent que la ruine de la patrie? C'est ce que doit indiquer le vote que vous allez donner.

Nous demandons à cette Chambre, du moins à la majorité composée de jeunes gens qui n'ont pas encore pactisé avec le vice, à ceux qui n'ont pas encore perdu le sentiment élevé du patriotisme, s'ils ne souffrent pas déjà assez des maux de la patrie? Je leur dis: « Pour nous relever, consultons les pages de notre histoire et nous trouverons ici, dans cette Chambre même, l'illustre Pétion (l'orateur désigne le portrait de Pétion accroché à la façade nord de la tribune), qui passa toute sa vie à donner l'exemple du plus pur patriotisme et du plus noble désintéressement. Une telle figure ne doit-elle pas commander l'union, l'harmonie, l'entente dans le règlement des affaires du pays?

Tout près de Pétion se trouve Christophe, qui ne supportait pas les voleurs, bien qu'il n'y eût pas, à côté de lui, de Chambres législatives pour demander à punir les dilapidateurs de la caisse publique. Voilà, Messieurs, les exemples que nos pères, nos aïeux immortels, fournissent à notre admiration et que nous autres, du Cabinet, nous ne perdons pas de vue.

Inutile de vous dire jusqu'à quel point nous poussons

le respect des deniers publics. Arrivés au Ministère le 17 décembre 1896, nous n'avons pas touché ce qui nous revient sur le mois de décembre, parce que ce mois n'a pas été payé aux employés publics. Est-ce dans cette Chambre qu'on trouve des exemples d'une plus complète abnégation ?

MM. les interpellateurs, en nous livrant le combat d'aujourd'hui, n'ont été que les échos complaisants...

M. le Président : Pardon, Secrétaire d'Etat, je vous prie de ne pas employer de termes froissants à l'égard d'aucun membre de l'Assemblée.

M. Firmin, *continuant*: Ces messieurs, dis-je, se sont faits l'écho de certains journaux masqués sous le voile de l'anonyme, tels que l'*A. B. C.* et la *Revue-Express*, d'où le Député Dartiguenave a tiré jusqu'à ses expressions. Qu'ils se complaisent de cette belle littérature, mais que vous soyez justes, en exécutant les raisons exposées de part et d'autre.

Pour moi, fort de mon honnêteté, fort de la vérité de mes paroles, je jure que je n'ai jamais touché de frais d'installation pas plus que mes collègues, comme je puis jurer qu'aucun Député, à ma connaissance de Secrétaire d'Etat des Finances, n'a touché de l'argent sous cette forme extrordinaire qu'on a décorée du nom poétique de Calypso !

M. Sudre Dartiguenave : M. le Secrétaire d'État des Finances a bien dit sa fable ; il a, une fois de plus, prouvé qu'il a très bonne mémoire.

A trente-trois ans, je ne puis avoir la prétention d'égaler Edmond Paul, d'autant que je ne fais que d'arriver dans la politique. Je suis à la deuxième session de ma première législature. J'aurais peut-être cette sotte prétention si j'avais eu la joie de voir ma signature au bas d'un livre dont *l'auteur est suspect* et qui a pour titre : « *L'Égalité des Races humaines.* »

(*Rumeurs dans l'auditoire, applaudissements dans l'Assemblée.*)

M. le Président : Il me semble que vous devez, Messieurs, vous inspirer, à cette heure, de la sagesse qui a toujours présidé à nos travaux.

M. Sudre Dartiguenave, *continuant :* Pour répondre aux insinuations qui me concernent directement, je me plais à rappeler à M. le Secrétaire d'État des Finances ces paroles de Jules Simon : « Si une femme essaie de « me percer avec un poignard et que sa faible main ne « réussisse pas même à déchirer mes habits, *telum* « *imbelle sine ictu*, je ramasse le poignard et je le lui « remets dans la main en souriant. » (*Applaudissements.*)

Il est inutile, Messieurs, de nous charmer par de belles phrases, de nous promener de pays en pays. Vous n'avez pas l'intention, je crois, de nous assimiler à un jury. Nous examinons à cette heure les faits et la loi. Nous savons le sort de certain papier envoyé pour toucher l'intégralité de la valeur et qui a été refusé. Nous savons qu'alors vous avez cherché à faire le nécessaire pour reprendre les ordonnances, oubliant que la Chambre des Comptes avait déjà reçu la comptabilité du mois de février.

Rien ne nous échappe, comme bien vous le voyez. A défaut d'arguments sérieux, M. le Secrétaire d'État des Finances, pour faire montre de désintéressement, vient déclarer que lui et ses autres collègues n'ont pas touché le mois de décembre et qu'ils perçoivent leurs indemnités en bons du Trésor. A une autre époque, nous avions vu des Sénateurs refuser de toucher leurs indemnités, mais n'avaient-ils pas fait acte public ?

Point n'est donc besoin de nous parler de vous-même, lorsque vous réglez vos affaires personnelles *dans le secret* de vos Départements. On est libre de vous croire ou de douter de vos paroles. Dans tous les cas, agiriez-vous ainsi, ce ne serait certes pas, à un moment donné, pour avoir le sort des autres fonctionnaires.

Vous avez aussi, d'un air joyeux, parlé de quelque chose que vous baptisez du titre poétique de *Calypso*. Eh bien ! je vous défie de prouver quand j'ai reçu de l'argent à ce compte-là. Dans le cas où la chose serait vraie, vous n'auriez fait qu'accuser les deux collègues de l'ancien Cabinet, assis à vos côtés, d'avoir travaillé à corrompre le Corps législatif qui n'a pas la manutention des deniers publics.

M. Douyon, Secrétaire d'État de l'Intérieur : *C'était leur affaire...*

M. Sudre Dartiguenave, *continuant* : Votre affirmation ne prouve rien contre la Chambre. Elle établit, au contraire, que c'est pour rompre avec l'ancien système qu'elle vous demande compte des *quatre fausses ordonnances* qui vous ont permis de toucher *huit mille gourdes* au mépris de l'article 120 de la Constitution.

Il y a lieu pour nous de sévir contre vous parce que vous vous êtes rendus coupables d'infraction à la loi ; vous avez violé la loi budgétaire, la Constitution et le règlement pour le service de la trésorerie. Vous avez donné un démenti formel à votre programme ; vous êtes les premiers à vous départir de la règle de conduite tracée par ce document que l'on croyait empreint du sceau de la sincérité.

Les explications plus ou moins sophistiques que vous avez données jusqu'à présent ne sont pas satisfaisantes pour l'Assemblée. Nous attendons de vous des renseignements plus précis, plus loyaux, car le fait seulement d'avoir émis ces ordonnances sous une fausse rubrique constitue un délit déterminé.

(*Applaudissements dans l'Assemblée.*)

M. Ulrick Duvivier : Messieurs les Députés, vous avez entendu l'entraînant et savant discours de M. le Secrétaire d'État des Finances. C'est dans les habitudes de M. Firmin de faire montre, étalage de son grand savoir et de sa profonde érudition. C'est d'autant vrai que, sachant bien que Schopenhauer a démontré que la modestie est une vertu négative, il a, en parlant de lui, écrit ceci dans une brochure politique : « qu'il était préparé *comme pas un en Haïti* pour diriger le Département des Finances... »

M. Firmin, Secrétaire d'État des Finances : Excepté vous, Député Duvivier.

M. Duvivier, *continuant* : M. Firmin m'interrompt pour me dire « *excepté moi* ». Je le remercie de l'exception qu'il a bien voulu ironiquement faire; je ne puis en bénéficier, car il a formellement dit qu'il était *préparé comme pas un en Haïti.* Et puis, du reste, je n'ai pas la prétention d'avoir la compétence du Ministre des Finances. Je n'ai pas trente ans et il n'y a pas longtemps — à peine trois ans — que je suis dans la politique, tandis que lui, de son propre aveu, il a déjà passé *la moité de son existence* à étudier les questions financières. Il en sait long, bien long peut-être ; il ne peut toutefois m'empêcher de lui dire que, malgré ses longues tirades, il n'a rien dit pouvant justifier l'ordonnancement irrégulier des *huit mille gourdes* qui fait l'objet de l'interpellation.

Ceci dit, revenons à la question.

M. le Secrétaire d'État des Finances, voulant prouver qu'il n'a pas touché l'ordonnance de *deux mille gourdes* dont son Département ou lui-même était le bénéficiaire, nous a parlé de *l'esprit fin de siècle*. Il eût, nous a-t-il dit, touché sa part en sa qualité de manutenteur des fonds publics avant ses collègues et avant même l'ordonnancement. Oui, Messieurs, je veux bien convenir avec le Ministre que l'esprit fin de siècle est vicieux, corrompu, accapareur, tout ce que l'on voudra, mais il est surtout rusé, adroit et subtil.

Le Ministre des Finances eût touché avant l'ordonnancement?... Pensez donc !

Que nous a dit son collègue de l'Intérieur à propos de ces ordonnances? Elles dormaient — voici ses propres paroles — d'un *sommeil paisible* dans la poussière des paperasses du Ministère des Finances, et nous pouvons ajouter que, sans le halte-là qu'on a crié, sans l'éveil qu'on a donné, ces ordonnances *eussent été réveillées* de leur sommeil qui, croyez-moi, n'était que *momentané*, et elles eussent été bel et bien touchées si, comme on tâche de nous le dire, elles ne le sont vraiment pas.

Il y a, Messieurs, un dicton populaire bien connu de vous tous, sans doute, qui dit : « Le Français, né malin, créa le vaudeville » ; le même dicton peut s'appliquer ainsi pour notre pays : « L'Haïtien, né malin aussi, créa le *p'tit couloutisme*. (*Rires et applaudissements.*)

On appelle ici, en vertu d'un droit constitutionnel, des Secrétaires d'Etat pour s'expliquer sur *l'ordonnancement irrégulier* de *huit mille gourdes* pour frais de leur installation; ils répondent par de longs et beaux discours, et concluent que cette valeur avait été ordonnancée *en vue d'une tournée projetée* par Son Excellence le Président de la République. Voyons, sérieusement, qu'est-ce à dire? comment s'expliquer que la tournée n'ayant pas eu lieu, ces ordonnances n'aient pas été annulées, car, on ne peut le nier, elles sont des pièces d'importance; elles constituent de vrais titres de créance sur la caisse publique et elles pourraient facilement, à un moment propice, être payées. Je n'en veux pour preuve, Messieurs, — car vous avez dû comme moi remarquer un contre-bon de la Banque nationale d'Haïti parmi les pièces dont, sans même les soumettre à l'Assemblée pour établir leur identité, on a fait étalage à cette tribune, — qu'une de ces ordonnances a eu un commencement de paiement pour un motif avouable, c'est vrai, mais dont l'irrégularité ne peut être mise en doute. Si on a touché *quatre cents gourdes* pour frais faits pour la fête du Président, motif avouable, comme je viens de vous le dire, qui peut nous donner l'assurance formelle que demain on n'eût pas touché le solde, soit *sept mille six cents gourdes?* Notez que ces ordonnances ne sont pas jusqu'ici annulées et qu'elles se trouvent à portée de la main, dormant d'un sommeil paisible, — pour me servir encore de l'expression du Ministre de l'Intérieur, — qu'on pourrait subrepticement interrompre. (*Bruit.*)

Un des Secrétaires d'Etat, en s'expliquant ici, a parlé de l'opportunité trouvée par le Président à propos des frais de tournée. Laissons en dehors de nos débats la haute personnalité de notre honorable et vénéré Chef, et rappelons à celui-là, en présence d'une telle déclaration, les termes formels de l'article 118 de la Constitution :

Art. 118. — « Les Secrétaires d'État sont respective-
« ment responsables tant des actes du Président qu'ils
« contresignent que de ceux de leur Département, ainsi
« que de l'inexécution des lois ; en aucun cas, l'ordre
« verbal ou écrit du Président ne peut soustraire un
« Secrétaire d'Etat à la responsabilité. »

Mon honorable collègue Dartiguenave, qui m'a précédé à la tribune, répondant à une malveillante insinuation qu'on a faite en parlant de *Calypso*, a déclaré qu'il s'étonnait qu'on ait semblé vouloir lui faire des reproches. Nous n'avons, a-t-il dit, ni le droit d'ordonnancement ni la manutention des deniers de l'Etat; c'est en quelque sorte une accusation indirecte que vous portez contre vos deux collègues de l'ancien Cabinet. A ce moment, vous avez dû entendre, comme moi, un des Secrétaires d'Etat, assis au banc des organes de l'Exécutif, dire à haute voix : *C'est leur affaire.* C'est M. le Ministre de l'Intérieur.

M. Douyon, Secrétaire d'Etat de l'Intérieur : Je n'ai jamais dit cela.

Plusieurs voix : Oui, oui, oui.

M. Ulrick Duvivier : J'avais pris note de vos paroles.

M. le Président : Veuillez continuer, Député Duvivier.

M. Duvivier, *continuant* : Il est franchement étrange

qu'au moment même, — il n'y a pas cinq minutes, — où le Cabinet vient de faire une déclaration aussi spontanée que formelle de solidarité, l'on puisse voir un de ses membres essayer de délier sa responsabilité en jetant la pierre à ses collègues. *C'est leur affaire*, dites-vous, et vous avez déclaré par la bouche du Ministre des Finances que vous étiez solidaire de leur conduite et de leurs actes; vous avez acquiescé sans réserve à cette déclaration, et, loin de les défendre, vous incitez à les frapper d'accusation.

C'est ainsi, Messieurs, qu'avec la même irréflexion on a toujours, mais vainement, essayé de jeter le discrédit sur la moralité de cette Chambre. (*Applaudissements.*)

M. SOLON MÉNOS, Secrétaire d'État de la Justice :

Messieurs les Députés,

En commençant, laissez-moi adresser mes sincères remerciements à M. le Président de la Chambre. Devant la suggestion de certains membres de cette Assemblée dont l'extraordinaire impatience a réclamé la clôture de la discussion avant que je ne fusse entendu, il a compris que l'impartialité exigeait que le débat continuât dans toute son ampleur et il s'est empressé de maintenir en ma faveur le droit de repousser — à mon tour d'inscriptien — les prétextes de l'interpellation de ce jour. Il a montré par là qu'il est au-dessus du parti pris qui s'est manifesté par la rédaction anticipée d'un ordre du jour de blâme colporté dans cette ville à la recherche de signatures de commande. (*Applaudissements.*)

Messieurs, je viens ajouter quelques mots aux explications fournies par mes honorables collègues, MM.

les Secrétaires d'État de l'Intérieur et des Finances.

M. C. Héraux : C'est toujours la même chose !

Le Secrétaire d'État de la Justice : Oui, c'est toujours la même chose, mais ces explications qui gênent votre mot d'ordre, nous vous les répéterons encore et sans cesse, il faudra que vous les entendiez malgré vous et nous parviendrons bien à les faire entrer dans votre tête, même à coups de marteau. (*Rires et applaudissements.*)

Messieurs, je vous prie avant tout de considérer qu'en prenant la parole ici je ne suis mû par aucun intérêt particulier. Vous savez ou plutôt quelques-uns d'entre vous savent quelle place honorable j'occupe au barreau de Port-au-Prince, et si je ne consultais que mon goût, je pourrais dire sans hésitation que je serais heureux de voir hâter le moment de reprendre mon existence accoutumée au milieu de mes confrères. Aussi bien, je ne demanderais pas mieux que de remettre, avec l'assentiment de Son Exc. le Président de la République, le portefeuille de la Justice à M. l'interpellateur Sudre Dartiguenave. (*Rires et applaudissements.*)

Eh bien, non! permettez-moi de me reprendre et de ne pas transmettre le portefeuille de la Justice à l'interpellateur Sudre Dartiguenave, car il me semble qu'il faut apporter dans l'exercice de ces éminentes fonctions un esprit de justice et d'équité qui fait évidemment défaut à un député dont le siège est fait et le verdict rédigé à l'avance. (*Rires.*)

M. le Président : Monsieur le Secrétaire d'État, pas de personnalités.

M. Dartiguenave, *s'adressant au Président de la Chambre* : Je vous prie de rappeler à l'ordre le Secrétaire d'État de la Justice, car s'il persiste dans ces personnalités, je lui dirai des choses qui le feront trembler !

Le Secrétaire d'État de la Justice : Venez donc tout de suite à la tribune, s'il vous plaît !

Cris : Continuez ! continuez !

Messieurs, je répète qu'aucune considération personnelle ne m'anime, pas plus qu'aucun des membres du Cabinet, et je vous prie en conséquence de m'accorder toute votre attention et de peser en toute conscience les conseils et les exhortations qu'il pourrait m'arriver de vous adresser dans le cours de ces débats.

Vous avez encore présente à l'esprit la situation pleine de périls et d'épouvantes qui donnait à la mort subite du Général Hyppolite l'apparence et l'allure d'une catastrophe. Qui ne se souvient de ces jours d'angoisses mortelles et de suprême anxiété où tous se demandaient avec effroi ce qui allait sortir de ce brusque événement du 24 mars 1896 ?

Le pays aurait-il la force de se contenir ou le malheur de glisser dans une imminente anarchie ? Nul n'osait émettre une affirmation à ce propos. Mais bientôt l'élection du 31 mars venait dissiper la stupeur et l'appréhension générales.

Plus tard, devant les désastreux effets d'une crise commerciale et financière due en grande partie à la mauvaise administration de personnes que je ne veux pas nommer, le général Tirésias Simon Sam se souvient qu'il n'est pas seulement le soldat vaillant et loyal, le soldat de carrière en qui le peuple a mis sa confiance. Il comprend qu'il doit également être l'administrateur prêt à accueillir et à prendre toutes les mesures que réclament les souffrances d'une nation en proie à tant de vicissitudes imméritées. Et c'est pourquoi, ne pouvant ni ne voulant rester l'impassible spectateur des maux qui se sont abattus sur nous avec une si effroyable intensité, il ne tarde pas à appeler à ses côtés le Cabinet que vous avez devant vous, le Cabinet porté par l'irrésistible courant de cette opinion publique qu'on invoque si souvent, mais dont tout à l'heure encore on voulait expulser de cette enceinte les organes et les représentants les plus autorisés. (*Applaudissements.*)

D'où viennent ces Ministres ? De régions diverses et de partis contraires apparemment. Oui, ils ont pu, à un moment fatal de notre histoire, différer d'opinions et lutter les uns contre les autres dans des camps adverses. Mais qui s'en souvient et voudrait s'en souvenir ? Car, quelles que fussent leurs divergences de vues, leurs divisions, les circonstances qui les avaient séparés, il restait toujours entre eux — et peut-être à leur insu — un lien durable, puissant, propice aux salutaires oublis et aux patriotiques rapprochements : le lien du patriotisme. Et c'est grâce à cette latente communauté de sentiments, plus forte que les dissentiments passés, que nous sommes réunis aujourd'hui dans une étroite solidarité, pour mener à bien l'œuvre de rénovation que nous avons entreprise. N'est-ce pas qu'il arrive un moment sacré et décisif où toutes les intelligences, toutes les bonnes volontés, tous les dévouements doivent se rencontrer pour le salut du pays ? (*Applaudissements.*)

Et maintenant est-il besoin de relever l'insinuation de M. l'interpellateur Sudre Dartiguenave, qui a pensé atteindre M. le Secrétaire d'État des Finances en l'appelant — en l'absence de tout autre argument — l'auteur suspect d'un livre sur l'égalité des races humaines? Certes, je n'ai ni l'habitude ni le désir de flatter personne, mais n'est-il pas pitoyable d'entendre une imputation comme celle qui a été proférée à cette tribune contre un homme qui est la gloire de son pays, ici autant qu'à l'étranger. (*Applaudissements.*)

Mon honorable collègue n'est pourtant point de ceux qui ont intérêt à tenir caché ce qui sort de leur plume, et il ne saurait avoir honte de produire au grand jour les lettres et les engagements qu'il peut signer. (*Rires.*)

Messieurs, le Cabinet actuel, dès sa constitution, a présenté un programme qui a été pleinement et loyalement approuvé par Son Exc. le Président d'Haïti et acclamé par tout le pays. Mandataires du Peuple, vous surtout, Monsieur Sudre Dartiguenave, qui, pour avoir été élu par une commune, n'en représentez pas moins, suivant un article de la Constitution, la Nation entière, répondez ! Dites si ce programme du 4 janvier 1897 n'a pas été acclamé par toute la République, par tout un peuple frémissant et confiant en l'espoir de jours meilleurs.

C'est que ce programme annonce en première ligne la destruction des abus.

Nous nous sommes rappelé ce mot d'un homme qui avait vraisemblablement plus d'esprit que nous tous; ce n'est pas de M. Sudre Dartiguenave qu'il s'agit, c'est de Voltaire (*Rires*) :

« C'est un abus, dit-il, que l'art d'accumuler tous les trésors d'une nation entière dans les coffres de quelques personnes ». Cet abus, nous avons tenu à le combattre et à l'extirper, persuadés que nous sommes que sa suppression entraînera celle de beaucoup d'autres abus.

Oui, nous avons pris sérieusement en main la cause du peuple. Aussi, notre premier devoir accompli, ce devoir qui consistait à faire respecter les deniers publics, nous en avons eu un autre à remplir, celui de lui rendre l'exercice de sa liberté. Nous avons préconisé et appliqué ce principe fécond et immortel qu'on a appelé la lumière et la chaleur du monde politique. Et à ce sujet nous n'avons pas encore fait tout ce que nous nous sommes proposé de faire, car il nous reste à restituer à la Nation, en temps utile, le premier, le plus nécessaire attribut de sa souveraineté : la liberté électorale. *(Applaudissements répétés dans l'auditoire.)*

Jusqu'ici nous pensons avoir répondu à l'attente du pays et à la confiance de M. le Président de la République.

Et nous avons cru qu'il nous était également permis de compter sur le suffrage et le concours du Corps législatif. Nous avons appelé de tous nos vœux l'ouverture de la session, nous avons vu avec bonheur arriver ceux qui, venant de prendre contact avec leurs électeurs, avaient dû se pénétrer, se renforcer en quelque sorte de leurs aspirations et de leurs volontés.

Nous nous sommes dit que cette session du moins serait féconde en heureux résultats, que l'accord s'établirait aisément entre le Pouvoir exécutif et le Pouvoir législatif pour le vote de tant de projets de loi déjà déposés ainsi que de ceux que nous avons à cœur de présenter, et que, par là, pourraient se réaliser les réformes si nécessaires et si impatiemment attendues. Et c'est au moment où nous étions forts de cette espérance et même de cette assurance d'entente que l'on vient nous jeter à la face une infamante accusation!

Je n'ai pas l'intention d'insister sur cette question. MM. les Secrétaires d'Etat, de l'Intérieur et des Finances vous ont fourni déjà les explications les plus complètes, les plus satisfaisantes. Comment! nous avons été nommés le 17 décembre 1896 et ce serait seulement le 17 février 1897 que nous aurions pensé à émettre des ordonnances pour frais d'installation! Bien plus, vous n'avez qu'à consulter la collection de la *Revue-Express* pour vous convaincre que c'est le numéro du 17 avril 1897 qui a signalé l'émission des ordonnances incriminées. (*S'adressant à M. le Député Dartiguenave.*) Vous devez avoir ce numéro, puisque c'est dans ce journal que vous puisez vos inspirations.

Eh bien, comprendriez-vous que si ces ordonnances émises pour frais extraordinaires devaient avoir une autre destination, nous n'en eussions pas touché immédiatement le montant? Quel scrupule aurait pu nous arrêter tant de mois après notre arrivée aux affaires, si nous avions jugé à propos de nous attribuer des frais d'installation, si nous étions de caractère à nous jeter comme des oiseaux de proie — et comme tant d'autres! — sur le budget de la République? Nous vous avons dit et répété que l'émission de ces ordonnances s'est faite en vue de la tournée imminente de M. le Président de la République dans le Département du Sud. De quel droit, sans preuve aucune et sans aucun indice, opposez-vous une injuste dénégation à nos affirmations réitérées? Il est pourtant de notoriété publique que la tournée avait été décidée au mois de février et que des préparatifs se faisaient à cette fin. Je respecte profondément les droits et les prérogatives de cette Assemblée, mais je ne puis ni ne veux ignorer que la Constitution consacre au profit du Pouvoir exécutif des attributions indépendantes auxquelles il n'est pas permis de contredire et de porter atteinte. Et je le demande aux membres de cette Chambre, le Chef de l'Etat est-il tenu de solliciter leur avis et leur autorisation pour entreprendre à date fixe, à point nommé, je ne sais quelle tournée réglementaire? Lui seul pourvoit, d'après la loi, à la sûreté intérieure et extérieure de l'Etat; lui seul peut, en raison de circonstances particulières et des multiples considérations qui se rattachent à la sauvegarde de la sécurité publique, indiquer le moment précis où il importerait qu'il se déplaçât et se rendît sur un point quelconque de notre territoire.

M. le Député Ulrick Duvivier : Je n'ai pas dit le contraire. Vous m'avez mal compris.

M. le Secrétaire d'Etat de la Justice : Ce n'est pas à vos paroles que j'ai fait allusion.

M. Ulrick Duvivier : Je vous remercie.

M. le Secrétaire d'Etat de la Justice : Les ordonnances en question ont été émises en vertu d'une décision du Conseil des Secrétaires d'Etat. Elles l'ont été en faveur non de tel ou tel Ministre, mais en faveur de tel ou tel département ministériel. Ces déplacements officiels où, pour maintenir son prestige, le Gouvernement est obligé de s'entourer d'un naturel apparat, entraînent, chacun le sait, des frais considérables, auxquels vous tous conviendrez, j'espère, que les Secrétaires d'Etat n'ont pas à faire face de leurs deniers personnels. S'il en est ainsi, qui pourrait penser, qui oserait affirmer qu'une somme de deux mille gourdes soit exorbitante et dépasse sensiblement les dépenses extraordinaires auxquels un Ministre, accompagné deplusieurs employés de son département, est nécessairement astreint durant une tournée de deux ou trois mois au milieu de populations parfois dénuées de tout et accoutumées à des secours de circonstance?

Je répète que ces ordonnances ont été émises en faveur de Départements ministériels. De sorte que s'il venait à y avoir un changement de titulaires, ce seraient les nouveaux Secrétaires d'État qui en toucheraient le montant au moment du voyage présidentiel.

C'est l'inverse qui se serait produit s'il s'était agi réellement de frais d'installation. *(Applaudissements.)*

Voilà donc à quoi se réduit cette interpellation conçue et développée dans un accès de pharisaïsme aigu. Qu'importe, après cela, que M. l'interpellateur Sudre Dartiguenave continue à faire la sourde oreille? Il aura montré une fois de plus qu'il n'est pire sourd que celui qui ne veut pas entendre. (*Rires.*)

Il aura surtout montré qu'ayant, antérieurement à nos explications, donné naissance à un ordre du jour de blâme qui a consciencieusement couru la ville, il se croit empêché par je ne sais quel amour-propre d'auteur de confesser sa méprise et de renoncer à son chef-d'œuvre. (*Rires.*)

Mais je dis et je crois sincèrement que dans cette Assemblée d'où la compréhension et l'équité ne sont évidemment pas bannies, il ne se trouvera point une majorité pour s'associer au parti pris, pour faire un acte aussi injuste que celui qu'on va vous demander de consommer. (*Applaudissements.*)

Messieurs les Députés, c'est à votre conscience, c'est

à votre esprit de modération, c'est à votre sagesse que que je fais un suprême appel. J'affirme encore une fois que ce n'est pas un intérêt personnel qui m'inspire la loyale exhortation que je vous adresse. Je compte parmi vous de nombreuses connaissances et même plusieurs amis, et je crois avoir le droit de vous parler ainsi. Vous savez qu'après une période de luttes acharnées, dont heureusement personne ne veut plus se souvenir, j'ai passé deux ans et demi loin de ma patrie, car tel était l'effet d'une politique féroce : quand ce n'était pas la mort qui nous atteignait, c'était l'exil. Sur la terre étrangère j'ai vu l'incessante poussée du progrès, j'ai vu une magnifique éclosion de réformes de toute nature et de tout ordre, j'ai vu partout un désir du mieux, un besoin et un ferme propos de constantes transformations. Et j'ai songé à la patrie absente, à ce pays appauvri, ruiné, misérable, si différent des îles voisines où s'épanouissent dans un admirable ensemble toutes les œuvres de la civilisation. Ne concevez-vous pas quelle rancœur, quelle amertume, quelle torture provoque dans une âme patriote cet humiliant contraste?

Dès lors, je me suis dit qu'il fallait définitivement conjurer cette horrible fatalité qui entrave chacun de nos pas; que nous devions écarter nos dissentiments, nous dépouiller de nos animosités personnelles, sacrifier nos querelles si vaines et si nuisibles. Et c'est pourquoi vous me voyez aujourd'hui laisser déborder mon cœur et vous parler avec cette émotion difficile à maîtriser. *(Applaudissements.)*

Écoutez ces paroles d'un grand orateur français : « Dans les conjonctures présentes, a dit Berryer, au milieu des calamités publiques et à la face des périls divers dont notre commune patrie est menacée, je détesterais quiconque pourrait obéir à quelque passion particulière, quiconque se laisserait guider par une autre pensée que celle du besoin général e t de l'avenir du pays. »

Il convient donc que le Pouvoir Exécutif et le Pouvoir Législatif maintiennent entre eux cette entente, cette harmonie si indispensable à notre marche en avant.

Il importe que dans cette enceinte on n'ait point recours à d'injustes insinuations et qu'on ne fasse pas appel aux mesquines passions, aux instincts vils et égoïstes de la nature humaine, comme si les pères de famille auxquels M. l'interpellateur Sudre Dartiguenave a fait allusion, nous les avions de gaieté de cœur jetés sur le pavé, comme si on n'avait pas lu dans le *Moniteur* le compte rendu de cette mémorable audience du 7 mars 1897, où M. le Président de la République a si exactement indiqué les exigences de l'heure actuelle et nos légitimes serrements de cœur devant des suppressions inévitables.

Pour nous, qui nous rappelons que nous ne sommes maîtres ni de notre vie ni de notre mort, nous pourrons toujours rentrer dans la vie privée la tête haute, car nul ne peut douter de la droiture de nos intentions et de notre résolution de remplir notre devoir jusqu'au bout. Mais il est bon de dissiper une équivoque à ce propos. Quel que soit le respect que je professe pour les prérogatives du Corps législatif, la Chambre me permettra de lui dire qu'un vote de sa part ne peut ni déterminer ni paralyser notre action. Nous ne sommes pas une République parlementaire. La Constitution, qui a établi à côté de la séparation des Pouvoir la responsabilité présidentielle *(Applaudissements)*, la Constitution, qui réserve au Président d'Haïti le privilège personnel de nommer et de révoquer les Secrétaires d'État, ne nous laisse pas exposés à un vote de blâme. Le jour où nous penserons que notre présence aux affaires serait de nature à contrarier la politique de haute sagesse du Chef de l'État, nous irons trouver celui de qui nous tenons nos portefeuilles, nous le remercierons de nouveau de la confiance qu'il a bien voulu placer en nous et nous nous retirerons accompagnés de l'estime que le peuple ne refuse jamais aux hommes de bonne volonté. En attendant, il nous est impossible de remettre en d'autres mains le mandat qui nous a été conféré par M. le Président de la République. (*Applaudissements.*)

M. Ducas Pierre-Louis : Messieurs, en présence de l'importance et de l'extrême délicatesse des débats de ce jour, si ces débats me paraissaient offrir la plus légère apparence d'une vile et mesquine question de personnalités ou de parti pris, je m'empresse de déclarer que je m'abstiendrais d'ajouter ma voix à celle des divers orateurs qui m'ont précédé à cette tribune, et qui, par une logique sûre, par un raisonnement plein de force et de persuasion, vous ont déjà fourni les éléments nécessaires pour vous permettre d'asseoir votre conviction.

Point n'est besoin pour moi de me défendre d'aucune accusation de quelque nature qu'elle soit, fort de la pureté de ma conscience et de l'invariable impartialité dont je tiens à faire le guide constant de mes paroles et de mes actes politiques. Et, d'ailleurs, placé comme je le suis dans la pénible alternative ou de suivre le cou rant de mes sympathies personnelles, ou de faire mon devoir, deux considérations qui me remuent et m'agitent avec la même ardeur, je ne crois pas devoir hésiter plus longtemps et je me décide à céder à la dernière.

J'ai parlé de sympathie personnelle, qu'il me soit permis de m'expliquer. C'est ici, pour moi, l'occasion de rendre à l'honorable Secrétaire d'Etat des Finances, M. Firmin, un public hommage de ma juste reconnaissance. Je déclare publiquement qu'il est mon bienfaiteur. C'est lui qui, en 1890, alors qu'après avoir pris une part active dans les événements qui se sont déroulés en 1889, à côté du général Légitime, tant dans les rangs des combattants que dans la presse, je me trouvais dans une situation peu rassurante au triomphe de la cause du Nord; c'est lui, dis-je, qui me couvrit de sa protection et m'épargna un traitement qui, hélas! ne me parut pas alors dépourvu de tristesse et d'amertume. Bien plus, ce fut sur ses instances que M. le général Hyppolite, en dépit des intrigues des uns et des autres, consentit à me nommer comptable au Département des Finances; c'est donc grâce à lui si, possédant aujourd'hui quelques connaissances pratiques en matière de comptabilité administrative et financière, je me crois quelque aptitude à contrôler les pièces qui sont l'objet des présents débats. Je conclus donc que, dans la sphère de ma vie privée, je me flatte d'avoir, avec la plus grande partie des honorables membres du Cabinet, particulièrement avec M. Firmin, des relations basées sur la plus franche et la plus parfaite cordialité.

Cela dit, qu'il me soit permis de m'armer de toute l'indépendance et de toute l'austérité nécessaires à l'accomplissement de mon devoir et de revenir aux débats. Les diverses questions posées ont été celles-ci : Comment se fait-il que ces ordonnances, au lieu d'être dressées en faveur de tout le Cabinet, ne l'ont été qu'en faveur des *quatre nouveaux* Secrétaires d'Etat? Pourquoi, puisque le Cabinet prétend que ses dépenses extraordinaires devaient être employées aux dépenses nécessitées par les frais d'une tournée que Son Excellence le Président de la République comptait faire dans une partie du pays, pourquoi les *trente-cinq mille gourdes* accordées au chef de l'Etat pour frais de tournée, ou tout au moins une partie de cette valeur, n'ont-elles pas été également ordonnancées? Pourquoi, puisque ces ordonnances datent du mois de février, c'est-à-dire ont été dressées depuis déjà près de quatre mois, pourquoi depuis lors, puisqu'elles n'ont pas servi, n'a-t-on pas fait émettre des ordonnances de recettes s'élevant à une somme équivalente, les faisant ainsi rentrer dans la caisse publique? Pourquoi s'est-il effectué un commencement de paiement sur l'une d'entre elles? Pourquoi enfin, si elles n'ont pas encore été payées, leur libellé comporte-t-il *valeur en remboursement?* J'ai suivi, Messieurs, avec une scrupuleuse attention tous les beaux et brillants discours qui ont été prononcés à cette tribune; mais je suis obligé de vous faire remarquer, avec une certaine tristesse, qu'au bout de tout cela, au bout de toutes ces belles tirades, qui nous ont pendant plus d'une heure tenu littéralement sous un charme indicible, vous n'avez rien dit, Messieurs les Secrétaires d'État, qui soit de nature à éclairer notre conscience et à nous permettre de reconnaître que l'accusation portée contre vous est fausse et mal fondée. MM. les Secrétaires d'État des Finances et de la Justice, déployant tout leur talent, toute leur érudition, toute l'éloquence dont ils ont eu le bonheur de recevoir en partage le précieux don, ont véritablement soulevé l'admiration de tous par leurs discours dont le seul défaut, à mon humble avis, est d'être plus ou moins sophistiques dans la circonstance. Ils nous ont transportés dans des régions éthérées inaccessibles à de vulgaires esprits comme les nôtres; ils nous ont hypnotisés par leur langage absolument fleuri et séduisant; ils nous ont, en un mot, procuré le plaisir de rester des heures entières comme suspendus à leurs lèvres ; mais, à côté des chaleureuses félicitations qu'ils méritent incontestablement, ils nous forcent de leur faire observer qu'ils ne sont point restés sur le vrai terrain de la discussion et qu'ils ont négligé de nous fournir, d'une façon nette et claire, les renseignements nécessaires pour nous permettre de fixer notre conviction sur les bases puissantes et indémolissables de la justice et de l'équité.

Il y huit jours à peine (et l'on comprendra aisément pourquoi je n'ai pas le droit de rester étranger aux débats d'aujourd'hui), il y a huit jours à peine que, me faisant à cette même place l'interprète des sentiments intimes de la Chambre, j'ai eu l'honneur d'entretenir le Cabinet à l'égard des graves et lourdes responsabilités qui pèseraient sur lui si, contre toute attente, il venait à s'écarter de son programme du 4 janvier, ce programme qui, dans les cercles, sur les places publiques, dans les familles et même dans les régions lointaines et obscures fréquentées par les derniers prolétaires, a soulevé tout un unanime concert de louanges et d'admiration ; ce programme dont la lecture a porté les esprits les plus sceptiques à se surprendre presque en flagrant délit de crédulité; ce programme, enfin, qui a fait naître dans tous les cœurs toutes sortes d'espérances, et dont l'heureux effet a été de faire comprendre aux plus pessimistes que l'on pouvait encore avoir foi dans l'avenir du pays. Or, le cas qui nous occupe en ce moment n'est-il pas en flagrante contradiction avec ce beau et fécond programme? N'avez-vous pas pour devoir de vous expliquer? Il me semble que oui. Alors, donc, Messieurs, oh! parlez. Parlez sans réticence comme sans phrases à sensation. Disculpez-vous le plus simplement possible d'une pareille accusation portée contre votre intégrité. On a fait allusion dans le public à un ordre du jour que des esprits, peut-être plus ou moins alarmants, plus ou moins fanatiques des intelligents et sympathiques hommes d'État qui composent le Cabinet, mais à coup sûr animés de sentiments peu bienveillants vis-à-vis de la Chambre, prétendent être déjà revêtu d'un certain nombre de signatures, nombre que chacun, selon son humeur fantasque et capricieuse, se plaît à grossir et à élever à des chiffres même supérieurs au chiffre réel de la totalité des membres de l'Assemblée. Je déclare qu'il n'en est rien, et que, si le fait a existé ou existe, c'est à mon insu, car, pouvant remercier Dieu de ne m'avoir pas fait d'une nature aveuglément passionnée (surtout pour tout ce qui me paraît ne pas être le bien, le beau ou le vrai), j'ose affirmer que je ne manquerai jamais de la franchise et du courage nécessaires pour dire à quiconque me le présenterait : Non, je ne signe aucun acte jusqu'au moment où, les débats terminés, ma conviction inébranlablement établie. j'aurai à me prononcer ouvertement et sans crainte, d'après ce que m'aura commandé ma conscience, et rien que ma conscience.

Si donc, comme je le souhaite et le proclame bien haut dans toute la sincérité de mon âme, si vous réussissez à convaincre la Chambre, qui, en somme, dans les circonstances actuelles, ne fait que son devoir, si vous réussissez à la convaincre de votre non-culpabilité, dans ses sentiments invariables de justice et d'impartialité, dans sa ferme et sage résolution de faire son devoir *envers et contre tous*, elle acceptera volontiers de vous absoudre; oh! oui. Elle vous dira sans orgueil : Retournez, Messieurs, retournez aux postes d'honneur et de confiance où vous a appelés Son Excellence le chef de l'État et que la Nation, elle aussi, confiante et satisfaite, se sent heureuse de ratifier.

Mais, de grâce, Messieurs, pour obtenir ce résultat à la fois si désirable et si ardemment attendu des uns et des autres, ne vous accrochez point à des sophismes dans le genre de ceux que vous nous avez si abondamment prodigués jusqu'ici, et basez, je vous en supplie, basez votre défense sur des arguments solides et plus sérieux. (*Applaudissements.*)

M. Firmin, Secrétaire d'État : Messieurs, acculés par l'évidence des faits probants et convaincants, ceux qui sont venus à la rescousse de l'interpellateur n'ont fait que répéter les mêmes propos que nous connaissions, cliché fabriqué tout exprès pour essayer de donner le change à l'opinion publique, si éveillée et si clairement manifestée depuis le commencement de ces débats!

Le député Ducas Pierre-Louis a tenu à faire savoir que c'est grâce à ma recommandation qu'il a été nommé en 1890 employé comptable au Ministère des Finances. Il faut admirer cette effusion de sa reconnaissance au moment où son rôle est si bien fait pour en marquer la sincérité. Le député Ulrick Duvivier pourrait en dire autant; car c'est aussi sur ma recommandation qu'il a été nommé chef de bureau de la douane de Jérémie (1), mais il a eu la grandeur d'âme de se taire sur ce souvenir vite envolé de son cœur.

M. Ulrick Duvivier : J'ai été nommé chef de bureau à l'Administration et non pas à là douane.

M. Firmin : C'est encore mieux. Vous étiez bien placé pour apprendre la comptabilité administrative. (*Applaudissements.*)

Mais il me faut l'avouer, ni le passage du député Ducas Pierre-Louis à la section de la comptabilité du Ministère des Finances, ni le passage du député Ulrick Duvivier à l'Administration des Finances de Jérémie n'ont porté les fruits qu'on pourrait en espérer. J'ai eu la main malheureuse et j'ai semé sur une terre ingrate... (2)

MM. les interpellateurs font grand état de ce que les ordonnances émises pour les frais de tournée que

---

(1) Ce pauvre M. Firmin! Il est réeellement maladroit d'avoir osé dire que c'est sur sa recommandation que j'avais été nommé chef de bureau à l'Administration des Finances de Jérémie. Il en a, du toupet.

Durant toute la Révolution, j'avais été à la peine et je n'avais jamais, comme lui, pensé à abandonner la cause que je défendais ni essayé de fuir à l'Etranger.

Le Président Hyppolite, au triomphe de la Révolution, m'appela à l'honneur et non pas lui, comme il l'avance si effrontément.

Ce souvenir, qu'il dit envolé de mon cœur, n'a donc jamais existé.

(2) M. Firmin n'avait pas prononcé cette phrase à la séance du 4 juin. A la sanction du procès-verbal de la séance de cette date (4 juin), j'en ai fait la déclaration à la Chambre qui en a pris acte.

l'on pensait devoir faire n'ont pas été annulées, depuis que le Président d'Haïti a différé la tournée qu'il avait décidé d'effectuer dans le Département du Sud. Suivant eux, c'est un argument écrasant qui suffit à prouver, sinon la prévarication, mais l'irrégularité du Ministère des Finances. Où donc nos trop intelligents accusateurs ont-ils puisé ces règles de comptabilité publique dont ils parlent avec un si grand aplomb?

Messieurs, dans notre système administratif, l'exercice budgétaire commence le 1er octobre pour finir le 30 septembre, au lieu de s'adapter à l'année civile commençant au 1er janvier pour prendre fin au 31 décembre, ainsi que cela a lieu, par exemple, en France.

Chaque exercice est une espèce de personnalité administrative, renfermant toutes les opérations budgétaires, recettes ou dépenses, effectuées dans son cours, lequel ne se borne pas exactement au cours de l'année correspondante. Ce n'est donc qu'à partir du 30 septembre qu'on aurait droit de réclamer que l'on détruisît ces ordonnances, qui sont de simples pièces comptables, par des annulations d'écriture de la comptabilité. Quoique, grâce à ma protection d'hier, les députés Pierre-Louis et Ulrick Duvivier se croient devenus forts, à ce point qu'ils veulent m'enseigner les lois administratives de ce pays, je lis, dans le *Règlement pour le service de la Trésorerie,* l'article 58 ainsi conçu : « Toutes les dépenses d'une année administrative doivent être liquidées et ordonnancées dans les trois mois qui suivent l'expiration de cette année administrative. » Cela n'implique-t-il pas naturellement la faculté d'user du même délai pour faire toutes les écritures nécessaires, pour fixer les dépenses effectives de l'année administrative ou plutôt de l'Exercice? « Par le mot *exercice,* dit Léon Say, on veut dire purement et simplement que pour gérer et liquider les affaires de douze mois, on a besoin d'une période de temps plus longue que ces douze mois. L'exercice n'a pas d'autre objet. »

Vous voyez bien que non seulement l'année budgétaire ne finira qu'au 30 septembre, mais les Ministres ordonnateurs ont encore trois mois, même après le 30 septembre, pour redresser leurs écritures, en préparant l'apurement des comptes.

Le député Sudre Dartiguenave est revenu sur la question des pièces justificatives; pour le satisfaire, je suis obligé de vous relire l'article 34 du *Règlement pour le service de la Trésorerie.* (L'orateur donne lecture de cet article.) Cela sert à vous démontrer que la rubrique de *frais extraordinaires* donnée à ces ordonnances n'avait rien d'insolite.

Je le répète, c'est au ministre des finances que la loi fait l'obligation de vérifier les ordonnances pour voir si les formalités remplies sont suffisantes. C'est le ministre des finances qui est seul juge de la validité des pièces justificatives dont les nomenclatures sont arrêtées entre lui et les ministres ordonnateurs.

Messieurs, mon collègue de la Justice, M. Solon Ménos, vous a fait observer que nous sommes arrivés au Ministère le 17 décembre et qu'il n'est pas logique que ce soit au mois de février que nous aurions pensé à toucher des frais d'installation. C'est un argument contre lequel il est impossible de trouver une réplique.

En vous disant que nous n'avons pas touché ce qui nous revient sur le mois de décembre 1896, parce que ce mois n'a pas été payé, je ne vous ai pas dit le dernier mot de l'esprit de désintéressement qui nous inspire constamment. Vous avez dû lire, Messieurs, dans le *Journal officiel*, l'arrêté du 26 février dernier, prescrivant qu'un cinquième des appointements des fonctionnaires de l'État sera payé en *bons du Trésor*. Bien que nos indemnités soient garanties par la Constitution et que nous eussions pu exiger, comme vous, que l'intégralité de ces indemnités fût payée en espèces, nous percevons volontairement, comme les employés, le cinquième de nos émoluments en *bons du Trésor*. Nous avons pensé que, dans un pays comme le nôtre, où l'esprit de l'égalité est tellement développé qu'ils constitue parfois une exagération dangereuse, tout le monde devait être traité sur le même pied. Nous avons voulu aller à la peine, comme nous irons à l'honneur, avec tous les serviteurs de l'État, endurant les mêmes souffrances, espérant de partager les mêmes joies. *(Bravos.)*

Nous avons voulu prêcher d'exemple, dans un moment où nos finances obérées par d'autres que nous imposent à chacun l'esprit de sacrifice, pour empêcher que la malveillance n'eût libre cours, en signalant le traitement divers des gouvernants et des gouvernés. Voilà ce que nous avons fait!...

Puisque peu à peu, Messieurs, le calme se fait dans les esprits, je vous prie encore une fois de bien réfléchir sur la portée de la séance de ce jour. Comme je vous l'ai déjà prouvé, l'exercice budgétaire de l'année administrative 1896-1897 n'étant pas clos, nous pourrions bien répondre à votre interpellation par une fin de non-recevoir. Mais notre délicatesse en jeu nous a interdit l'usage d'un tel droit. Nous avons l'ambition de rester Ministre avec honneur et dignité... et nous resterons! (*Applaudissements.*)

Mon collègue et très honorable ami, M. Solon Ménos, a eu raison de ne pas s'arrêter à relever l'insinuation de M. Sudre Dartiguenave, qui, malgré tout l'éclat de ses yeux qui brillent plus que sa parole, ne parviendra jamais à égarer l'opinion publique.

Hier, nous militions tous deux sur la scène politique; nous représentions chacun, je ne dis pas les partis en présence, mais au moins les aspirations intelligentes de l'un ou de l'autre parti. Mais la paix est revenue avec son souffle vivifiant et apaisant : aujourd'hui nous sommes heureux de nous trouver côte à côte, d'unir nos efforts vers un but commun, nous serrant la main en face du pays qui nous observe et nous applaudit, par la voix de l'intelligente population de Port-au-Prince formant cet auditoire. Qu'y a-t-il là qui ne commande pas l'admiration des gens de bien?,.. (*Applaudissements.*)

Oui, l'opinion publique nous soutient et nous encourage. Si la Chambre, par un vote irréfléchi, essayait de lui faire violence, nous n'aurions qu'à lui rappeler que la souveraineté nationale ne réside que dans l'universalité des citoyens. (*Applaudissements.*)

M. Charles Héraux : Messieurs, je ne suis pas partisan des grands discours. Du reste, les phrases et les périodes à effet ne sont pas de mise en ce moment où, appelé à s'expliquer sur quatre ordonnances émises en faveur du Département de l'Intérieur pour *frais d'installation* attribués à quatre Secrétaires d'Etat, le Cabinet a tout dit..., excepté ce qui a un rapport direct avec le débat.

(*Interruption et bruit dans l'auditoire.*)

Je vais l'y ramener en peu de mots et démontrer que son système de défense ne tient pas debout devant l'éloquence des faits. (*Tumulte dans l'auditoire.*)

Il ne vous échappera pas, ainsi que d'autres orateurs l'ont fait ressortir avant moi, que les quatre ordonnances en question ne sont appuyées d'aucune pièce justificative, ce qui constitue une première infraction au règlement pour le service de la Trésorerie. Vous remarquerez ensuite qu'elles sont dressées en faveur du *Département de l'Intérieur*, d'où une nouvelle infraction au même règlement, qui dispose, dans son article 25, que : « Les ordonnances de paiement doivent désigner le titulaire de la créance par *son nom* et au besoin par ses *prénoms*, si sa qualité, qui doit être aussi énoncée, ne suffit pas pour établir l'identité. » (*Tumulte croissant dans l'auditoire.*)

A ces irrégularités viennent s'ajouter d'autres encore, et ce sont les plus graves. On vous a dit que les ordonnances n'avaient pas été payées et qu'elles étaient relatives à *des frais de tournée* qu'une décision du Conseil des Secrétaires d'État attribuait à quatre Secrétaires d'État qui devaient accompagner le premier magistrat de la République dans le Département du Sud. Et il ne me sera pas difficile de démontrer le contraire.

(*Interruption et bruit dans l'auditoire.*)

M. LE DÉPUTÉ HÉRAUX, *poursuivant* : Voyons tout d'abord le libellé des ordonnances (*lisant*) :

« Au Département de l'Intérieur, la somme de *deux mille gourdes* pour *couvrir* celui des Finances *d'une pareille valeur dépensée* pour frais extraordinaires faits pour le compte du Département de l'Intérieur. »

Deux faits résultent, avec la dernière évidence, de ce libellé :

Premièrement, qu'il y a eu des dépenses effectuées par le Département des Finances pour compte du Département de l'Intérieur ; et, deuxièmement, que lesdites ordonnances sont appelées *à rembourser* les Départements des *Finances*, de la *Justice* et de la *Guerre* de débours précédemment faits pour compte du Département de l'Intérieur.

(*Bruit tumultueux dans l'auditoire.*)

M. le Président : Messieurs de l'auditoire, je vous invite à assister plus décemment aux travaux de la Chambre; il nous est impossible d'entendre les paroles qui se prononcent au milieu de vos manifestations si bruyantes (1).

M. Héraux, *continuant :* Vous ne perdrez pas de vue, Messieurs, qu'il y a eu, d'après les ordonnances mêmes que nous critiquons, *des valeurs dépensées* par les Départements des Finances, de la Justice et de la Guerre pour compte du Département de l'Intérieur; or, cela ne suppose-t-il pas l'émission de pièces comptables qui aient permis à ces trois Déparments d'avoir la disposition des valeurs dépensées pour compte du Département de l'Intérieur ?

Il est en effet de règle qu'aucune sortie de fonds du Trésor public ne peut avoir lieu sans l'accomplissement de certaines formalités appelées à sauvegarder les deniers publics contre l'imprévoyance et la prévarication

(1) Une claque colossale, soudoyée par le Ministère, faisait un potin infernal pour empêcher les Députés de parler. Cette claque était dirigée avec une maëstria remarquable par M. Firmin, Bidel d'un nouveau genre, qui faisait signe suivant qu'il fallait augmenter ou diminuer la note des hurlements.

des fonctionnaires. (*Tumulte indescriptible dans l'auditoire.*)

Or, Messieurs, dans la comptabilité de la Chambre des Comptes comprenant la période d'octobre 1896 à février 1897 — époque du remboursement — je n'ai trouvé aucune trace des ordonnances que les Départements des Finances, de la Guerre et de la Justice auraient dû émettre à l'occasion de l'avance de *deux mille gourdes* faite par chacun d'eux au Département de l'Intérieur... Il y a là un mystère que je renonce pour ma part à pénétrer.

(*Bruit, tumulte, vacarme dans l'auditoire.*)

Pour ce qui est des ordonnances de remboursements, on a dit qu'elles n'ont pas été payées pour atténuer l'irrégularité de leur émission et justifier la conduite du Secrétaire d'État de l'Intérieur mais c'est un raisonnement absolument sans valeur : qu'elles aient été payées ou non, peu m'importe ! elles ne constituent pas moins des titres de créances contre le Trésor public, et l'État, placé dans la condition d'un débiteur ordinaire, ne saurait en éluder le payement sans enfreindre les lois de l'honneur.

(*Cris, tumulte indescriptible dans l'auditoire.*)

Quelques députés s'adressant au député Héraux: Renoncez à la parole ; c'est une tactique, on veut nous empêcher de parler,

M. le Député Héraux, *continuant :* On veut m'empêcher de parler, cependant je ne me suis pas écarté de la question, je ne vous ai pas entretenus de Kant, de Herder, de l'Allemagne, de la Révolution française, de Mirabeau, etc. (*Cris, tumulte effréné dans l'auditoire.*)

M. le Député Héraux, *poursuivant* : Vous aurez beau faire, je ne perdrai pas le fil de mon argumentation. Revenons aux irrégularités que présentent les ordonnances émises sous les n°s 41, 45, 46 et 47.

On dit qu'elles ont été dressées pour frais de tournée. En supposant qu'il y ait eu une tournée projetée et que ces ordonnances s'y rapportent, pourquoi le Département de l'Intérieur, dans le budget duquel se trouve *un chapitre relatif aux frais de tournée* (chap. 5 sect. 1re), n'a-t-il pas lui-même ordonnancé la dépense et a-t-il recouru *à un biais* en faisant appel aux crédits de trois autres Départements ? On ne saurait alléguer pour justifier le procédé employé que les crédits de ce Département fussent épuisés, puisque peu de jours après il se trouvait en mesure de rembourser les dépenses faites pour son compte. Et pourquoi, au lieu de faire un virement défendu par la Constitution et de prêter le flanc à la critique, le Département de l'Intérieur n'a-t-il pas énoncé le *véritable motif de l'émission des ordonnances* et s'est-il borné à parler de frais extraordinaires dont *la rubrique élastique* peut s'adapter à tant de choses ? *(Vacarme, bruit dans l'auditoire.)*

M. le Secrétaire d'Etat des Finances vous a parlé d'une loi de 1847 qui accorde des frais de tournée aux Secrétaires d'État et à leurs employés. Je désirerais savoir si le budget n'est pas une loi et si, postérieure à la loi de 1847, elle ne l'abroge pas !...

D'autre part, M. le Secrétaire d'État des Finances déclare qu'il avait jusqu'au 30 septembre prochain, époque à laquelle finit l'exercice en cours, pour annuler les ordonnances dans le cas où la tournée projetée ne s'accomplirait pas... D'où vient donc que, avant le

30 septembre. s'il faut en croire sa déclaration de tout à l'heure, une valeur de *quatre cents gourdes* aurait été comptée sur une de ces ordonnances et pour des motifs autres que frais de tournée? Cela ne constituerait-il pas encore un virement contraire à la Constitution ? *(Bruit dans l'auditoire.)*

Messieurs, vous savez tout ce qui s'est dit au sujet de ces ordonnances. Le public prétend qu'une première lettre du Département de l'Intérieur, faite au mois de février, parlait de *frais d'installation* et que c'est sur l'observation d'un fonctionnaire public qu'elle a été reprise et modifiée (1)...

M. LE SECRÉTAIRE D'ÉTAT DE L'INTÉRIEUR, *interrompant :* Prouvez le fait...

M. LE DÉPUTÉ HÉRAUX, *poursuivant :* A défaut de preuves matérielles, nous avons des preuves morales, des présomptions graves, précises et concordantes, et elles suffisent à l'Assemblée pour se prononcer contre vous en connaissance de cause... Vous aurez beau faire, quelle

---

(1) Des personnes dignes de foi assurent et moi j'affirme, que le Département de l'Intérieur a écrit, à la date du 3 février, une lettre à M. l'Administrateur des Finances de Port-au-Prince autorisant celui-ci à émettre, sous la rubrique de *frais d'installation*, les ordonnances qui font le motif de l'interpellation. Ce fonctionnaire, se renfermant dans les prescriptions de l'article 23 du règlement pour le service de la Trésorerie, a répondu à M. le Ministre de l'Intérieur en lui disant qu'il n'y avait aucun chapitre ni aucune section de son budget ayant des prévisions ni des allocations pour cette catégorie de dépenses. C'est alors que M. le Secrétaire d'Etat de l'Intérieur comprit qu'il avait fait *un four* et s'empressa de reprendre sa lettre et de recourir au biais: *Frais extraordinaires.*

Il est, certes, difficile de prouver matériellement le fait, les *aveux étant impossible à obtenir* — secret professionnel— et d'un autre côté l'accès au copie de lettres du Département de l'Intérieur étant rigoureusement interdit — secret d'Etat — surtout aux députés considérés comme les pires et les plus dangereux indiscrets.

que soit votre habileté, à vous tous réunis, jamais vous ne parviendrez à les détruire...

(Bruit, manifestation tumultueuse et prolongée dans l'auditoire.)

Le Député Héraux renonce à la parole.

M. Sudre Dartiguenave : Je reviens, Messieurs, une dernière fois à la tribune pour résumer les débats.

MM. les Secrétaires d'État ont fait de beaux discours. Ils nous ont contesté notre titre de Représentants du peuple, oubliant qu'à la suite de la douloureuse catastrophe du 24 mars de l'année dernière il avait bien fallu l'empressement patriotique de nous tous pour empêcher la guerre civile de s'allumer dans le pays par le fait de *certains ambitieux* (1). La part d'action du Corps législatif à cette heure où le pays endeuillé était menacé d'un cataclysme dans lequel tout semblait devoir disparaître est chose acquise à l'histoire. Or, si illégaux que soient nos pouvoirs aux yeux de *certains individus*, il y a un bon point auquel nous avons droit, c'est d'avoir *librement, sans contrainte aucune*, placé au timon du vaisseau de l'État un grand Capitaine de cœur dont la vieille expérience suffit pour rassurer les uns et les autres. Notre vénéré Président n'ignore pas que la Chambre est entièrement et loyalement dévouée

---

(1) On doit se rappeler en effet que, dès que la nouvelle de la mort du Président Hyppolite fut connue au Cap, la première personne qui pensa à pousser le général Nord-Alexis à se déclarer en rébellion contre l'autorité constitutionnelle du Conseil des Secrétaires d'État fut M. Firmin. Ce fut lui aussi qui rédigea la fameuse protestation contre l'élection des Députés et la lettre adressée au général Jean Jumeau pour porter ce brave et loyal soldat à suivre le mouvement insurrectionnel. Tout le monde sait quel fut l'accueil fait par l'autorité et la population des Gonaïves à la délégation du Cap-Haïtien, porteuse de la lettre Firmin.

à son Gouvernement qui ne peut se soutenir que par la force nationale que l'on essaie de détruire.

Les débats ont atteint un degré surprenant d'acuité. Les Ministres, après avoir donné une violente entorse au motif de l'interpellation, reconnaissant bien leur insuffisance à nous convaincre de leur innocence, se sont plus à ne voir que ma chétive personnalité pour m'empêcher de déposer un ordre du jour. Ils se trompent. Ils ne nous ont point éclairés sur le fait matériel, sur le fait brutal que nous leur reprochons; je présente l'ordre du jour, quoi qu'ils puissent dire, quoi qu'ils puissent faire.

M. Dartiguenave, *lisant :* « La Chambre, *non satisfaite* des explications fournies par le Cabinet sur *les frais d'installation* que des Ministres se sont *illégalement attribués, blâme la conduite* du Cabinet, *cesse d'entrer en rapport avec lui* et passe à l'ordre du jour. »

Fait à la Chambre des Députés ce 4 juin 1897.

Signé : A. Bessard, Turenne Desgraves, O.-M. César, Dr. Bernier fils, O. Cavé, A. Gachet, L. Caze, Sudre Dartiguenave, A.-H. Denis, C. Ducasse, Félix Malbranche, C. Héraux, J.-J.-E. Sidney, L. Faublas, Pélissier Bernard, E. Boco aîné, C.-H. Bussy Zamor, C. Rinchère, V. Anglade, Octavien Bastien, J.-C. Gourgue, M. Michaud, M.-P. Nicolas, Berrouet, St-Paul, G. Boco, A. Poujol, Dr T. Nicolas, Ulrick Duvivier, Ig. Célestin, M. Salvador, Ducas Pierre-Louis, Fabius Hyppolite, Kernisan, F. Raphaël.

(Bruit, tumulte indescriptible dans l'auditoire.)

M. le Président : Messieurs, je vais vous donner une nouvelle lecture de l'ordre du jour Dartiguenave. *(Après lecture.)* Je mets cet ordre du jour en discussion.

M. Firmin, Secrétaire d'État des Finances : Je demande la parole.

M. le Président : Vous l'avez.

M. Firmin, Secrétaire d'État des Finances : Messieurs les Députés, le grand mot est lâché! Votre foudroyant collègue, le député Sudre Dartiguenave, a déposé un ordre du jour blâmant le Ministère et demandant de cesser tout rapport avec lui, c'est-à-dire avec le Pouvoir Exécutif.

Depuis plus de quinze jours, il s'est formé un groupe d'hommes malfaisants pour pousser la Chambre dans cette voie malheureuse. *(Applaudissements.)*

En votant un ordre du jour pareil, vous mettrez le Président d'Haïti, le Général Tirésias Augustin Simon Sam, l'homme loyal, honnête, l'homme qui n'a jamais menti au devoir, dans la nécessité ou de se départir de Ministres en qui il a toute confiance, ou de ne pas correspondre avec la Chambre; car la Constitution, en son article 117, dit expressément des Secrétaires d'Etat :

« Ils ont leur entrée dans chacune des Chambres pour soutenir les projets de loi et les objections du Pouvoir exécutif. »

La conjoncture dans laquelle va nous placer l'ordre du jour proposé est aussi grave qu'importante. *(Applaudissements et vivats dans l'auditoire.)*

Très importante et très grave. *(Rumeurs.)*

M. Firmin : Je vous en supplie, Messieurs de l'auditoire et de la Chambre, veuillez m'écouter.

Dans notre rouage constitutionnel, le Président de la République ne correspond avec les Chambres que par ses Secrétaires d'État; lors donc que vous voterez cet ordre du jour, vous aurez déclaré que vous rompez tout rapport avec le Président d'Haïti...

Vous avez peut-être bien combiné votre plan. Vous avez peut-être des raisons puissantes, des influences irrésistibles qui vous commandent de porter un pareil coup. Mais pouvez-vous, de propos délibéré, lancer le pays dans des aventures périlleuses qui seront les conséquences fatales d'un vote irréfléchi, si le Président de la République nous maintient sa confiance? Nous resterons Ministres, car c'est lui qui nomme et révoque les Secrétaires d'État, et il y aura un abîme creusé entre la Chambre et le Pouvoir Exécutif!...

Comment peut-on admettre que vous donniez l'exemple périlleux de la violation d'un texte constitutionnel (1) qui nous permet de rester Ministres sans perdre un

---

(1) *In* Droit Parlementaire. Poudra et Pierre, page 189 :

324.—« Les Chambres n'ont pas le droit de refuser aux Ministres l'entrée de la salle de leurs séances ; elle ne saurait leur interdire de déposer des projets de loi ou de prendre la parole : mais si un Cabinet se présente devant elles sans avoir leur confiance, elles peuvent adopter un ordre du jour motivé déclarant qu'elles n'entreront pas « *en rapport* » avec lui.

(Dans la séance du 24 novembre 1877, la Chambre des Députés a voté à la suite d'une interpellation un ordre du jour motivé ainsi conçu : « La Chambre des Députés, considérant que, par sa composition et ses origines, le Ministère du 23 novembre est la négation des droits de la Nation et des droits parlementaires; que, dès lors, il ne peut qu'aggraver la crise qui, depuis le 16 mai, pèse si cruellement sur les affaires, déclare qu'elle ne peut entrer en rapport avec le Ministère et passe à l'ordre du jour. »)

Constitution française de 1875 :

Art. 6. — « Le Président de la République communique avec les Chambres par des Messages qui sont lus à la tribune par un Ministre. Les Ministres ont leur entrée dans les deux Chambres et doivent être entendus quand ils le demandent, etc. »

Constitution haïtienne de 1889 :

Art. 117. — « Ils (les Secrétaires d'État) ont leur entrée dans chacune des Chambres pour soutenir les projets de loi et les objections du Pouvoir Exécutif, etc. »

pouce de notre dignité ni un lambeau de notre honneur?...

Réfléchissez, Messieurs! Nous avons passé des moments horribles, dans les transes de la guerre civile; nous avons passé des temps précieux de notre existence nationale, emportés dans les luttes stériles et sanglantes. Sans remonter à une époque bien éloignée, je n'ai qu'à vous rappeler les paroles éloquentes de mon collègue Ménos, se rapportant à ces temps malheureux où il était le principal champion de la cause du Gouvernement du général Légitime, tandis que je dirigeais le mouvement protestataire inauguré dans le Nord. La guerre civile avait produit ce fait affreux : des hommes unis auparavant par des liens d'idées communes, d'amitié et même de profondes affections, se virent obligés de se combattre avec une ardeur digne d'une inimitié inconciliable. Voilà les fruits à recueillir du vote de l'ordre du jour, si la sagesse du pays et l'énergie du Chef de l'Etat étaient impuissantes à y apporter remède.

Mais vous n'en ferez rien, Messieurs les Députés. Vous connaissez les attributions constitutionnelles de chaque grand Pouvoir de l'État. Il y en a trois : le Pouvoir Législatif, le Pouvoir Exécutif et le Pouvoir Judiciaire. Aucun n'a le droit d'empiéter sur les prérogatives des deux autres.

Nous avons une organisation politique qui ne permet pas à la Chambre de renvoyer ou de blâmer un Ministère. Lorsque vous jouissez du droit d'interpellation qui vous est garanti par la Constitution, nous ne venons ici que pour vous donner des explications aux termes mêmes de l'article 117 de cette Constitution, dont la lettre doit prévaloir.

Sans doute, le droit d'interpellation existe en d'autres pays, avec des prérogatives beauconp plus larges. On l'a vu même s'exercer, en Haïti, sous l'empire de la Constitution de 1867, d'une façon qui impliquait un régime parlementaire nettement caractérisé. Mais, en réalité, le droit d'interpellation entraînant la faculté de donner des votes de blâme ou plutôt de non-confiance ne s'exerce que lorsque les Ministres peuvent faire partie du Parlement et que le Pouvoir éxécutif a le droit de dissoudre la Chambre, pour en appeler aux électeurs par la convocation des Assemblées primaires électorales.

Ces principes, restés confus lors de la discussion de la Constitution de 1867, ont été tirés au clair lors du vote de la Constitution de 1889. J'avais alors désiré que les Secrétaires d'État pussent être en même temps sénateurs ou députés; Léger Cauvin, alors mon collègue à la Constituante, l'une des plus belles intelligences de ce pays et l'un de nos orateurs les plus éloquents et les plus érudits, soutenait le contraire; M. Cauvin s'est élevé à une beauté oratoire digne d'admiration, en démontrant le rôle prépondérant du Président de la République, que le peuple considère, dit-il, comme le grand justicier. Je plaidais contre sa thèse; mais, me rappelant la doctrine qu'enseigne Montesquieu dans l'*Esprit des Lois,* j'ai cherché à tirer de toutes les vérités proclamées de part et d'autre des principes régulateurs, de nature à concilier les faits et les tendances de notre vie nationale.

C'est ainsi que la Constitution de 1889 fut votée, dans

l'esprit que les interpellations n'auront pour but que de réclamer des explications, des renseignements aux Secrétaires d'État (1).

Voilà la vérité constitutionnelle.

En supposant, Messieurs les Députés, que, vous désintéressant de l'esprit de justice et de loyauté qui doit dominer votre action, vous veniez à donner un vote inconstitutionnel, vous aurez créé une situation bien fâcheuse à notre pays déjà poussé au bord de l'abîme par une administration regrettable.

Consultez donc la voix intérieure du patriotisme, qui doit vibrer dans votre cœur comme dans le nôtre. Ne voyez-vous pas tout l'auditoire qui représente, entre vous et le Cabinet, la force de l'opinion publique, vous dire clairement qu'il ne faut pas persister dans la voie dangereuse où l'on vous pousse avec un aveuglement coupable? Ne voyez-vous pas qu'il faut montrer au monde civilisé, représenté ici par le Corps diplomatique, dont l'attitude exprime l'intérêt qu'il prend à ces débats, que nous sommes un peuple capable de comprendre le bien et l'honnête, et prêt à les consacrer par la voix de ceux qui jouent le rôle de nos représentants autorisés?

Si la Chambre, malgré nos explications, malgré nos plus patriotiques exhortations, vient à voter l'ordre du jour qui vous a été proposé, vous serez peut-être les premiers à le regretter, Messieurs, mais vous en garderez toute la responsabilité devant la nation et le peuple souverain! *(Applaudissements.)*

---

(1) Voir procès-verbal de la séance du 5 octobre 1889 de l'Assemblée Nationale Constituante, page 116.

Au moment où le Président de la Chambre allait mettre aux voix l'ordre du jour Dartiguenave, M. le Député Théodore demande la parole et s'exprime en ces termes :

Messieurs les Députés, ce moment où vous allez passer de la parole aux actes est triste pour moi. Je vois dans l'ordre du jour Dartiguenave une importance tellement capitale que, je vous l'avoue franchement, j'en suis effrayé.

Cependant, comme il est encore temps, ne puis-je pas vous prier de modifier l'ordre du jour Dartiguenave en y extrayant la dernière partie qui dit : « et cesse d'avoir tout rapport avec lui ».

M. le Président : Veuillez, je vous en prie, mon cher collègue, formuler, aux termes de nos règlements, le nouvel ordre du jour que vous proposez.

M. le Député D. Théodore, déférant à l'invitation du Président, soumet à la Chambre l'ordre du jour suivant :

Les Députés soussignés proposent d'amender comme suit l'ordre du jour proposé par le Député Dartiguenave :

« La Chambre des Représentants, non satisfaite des explications fournies par les Secrétaires d'État pour les *huit mille gourdes* que les quatre Ministres se sont allouées, blâme le Cabinet et passe à l'ordre du jour.

« Fait à la Chambre des Députés, le 4 juin 1897.

« Signé : D. Théodore, V. Anglade, C. Rinchère, A. Poujol. »

Une nouvelle lecture de cet ordre du jour est donnée.

M. le Président : Messieurs, le bureau est saisi de deux ordres du jour motivés ; comme il n'y a pas *un ordre du jour pur et simple*, aux termes de nos règlements, c'est le premier déposé qui doit avoir la priorité.

L'ordre du jour Dartiguenave est toujours en discussion. (*Silence dans l'Assemblée.*)

M. le Président : Je le mets aux voix.

Ceux qui veulent l'adopter se lèveront, ceux de l'avis contraire resteront assis.

La Chambre a voté l'ordre du jour Dartiguenave.

Au moment de prononcer le vote, M. le Président a été plus d'une fois interrompu par le tumulte de l'auditoire.

M. le Président : Messieurs les Secrétaires d'État, le point qui avait motivé votre présence étant épuisé, je vous demande si vous n'avez pas quelque communication à faire à l'Assemblée ?

M. Firmin, Secrétaire d'État des Finances, etc. : Je désire savoir quel est l'ordre du jour qui a été voté?

M. le Président : Comme moi, vous avez dû constater que c'est l'ordre du jour du Député Dartiguenave; néanmoins, pour votre édification, je puis faire une contre-épreuve.

Le Cabinet se retire.

(*Des personnes de l'auditoire prononcent des jurons et des cris séditieux contre la Chambre.*)

M. le Président : Je rappelle l'auditoire aux convenances qu'il doit à l'un des grands Corps constitués de la nation.

Je prie MM. les Députés de garder leurs sièges, car nous allons reprendre le premier point de notre ordre du jour.

En conséquence, lecture est donnée du procès-verbal du 2 juin courant, dont la rédaction, mise en discussion et aux voix, est admise sans modification.

M. le Président : Nous abordons le deuxième point de notre ordre du jour : Lecture de la correspondance.

Une voix : Nous sommes en minorité.

M. le Président agite la sonnette et lève la séance à l'extraordinaire.

Félix Richiez, Turenne Desgraves, Seymour Faine, Dr. Aug, Comeau, Dr. T. Nicolas, A.-H Denis, Renaud Hyppolite, Alexandre Poujol, M. Salvador, O. Cavé, Ducas Pierre-Louis, Ulrick Duvivier, Eug. Doutre, Daphnis Théodore, D. Destin Saint-Louis, Pierre Anselme, Fabius Hyppolite, A. Samson, H.-N. Prophète, C. Kernisan, Pierre Lafleur, P.-M. Apollon, C. Ducasse, Camille Saint-Rémy, J.-C. Wainright, A.-G. Boco, L.-A. Gauthier, M.-P. Nicolas, Saint-Paul, E. Boco aîné, C.-F. Carvalho, D. Simon Sam, V. Anglade, Ch. Héraux, Durosier, A. Clermont, Louis Caze, L. Faublas, H. Gaëtan, A. Gachet, D. Emmanuel, A. Jn.-Joseph, J. Montreuil, M.-F. Michaud, Océan M. César, B. Millien, H.-L. Philippe, Ph. Simon-Sam, Berrouet, M.-A. Bien-Aimé, M.-S. Jacques, C. Rinchère, M. Saint-Louis Alexandre, Ig. Célestin, Octavien Bastien, Ch. Salnave, Ch.-B. Zamor, B. Léveillé, Dr Ch. Bernier fils, P. Bernard, L. Douyon, Sudre Dartiguenave, F. Mallebranche, M. Larosilhière, J.-C. Gourgue, J.-B. Richard, F. Raphaël, B.-C. Gilles, N.-C. Laguerre, A. Vastey, Océan Jadotte, J.-J.-E. Sidney, R.-E. Deetjen.

Le Président de la Chambre,
V. Guillaume.

Les Secrétaires,
Estime jeune, A.-V.-B. Gauthier.

PROCLAMATION

—

TIRÉSIAS-AUGUSTIN-SIMON SAM, *Président d'Haïti*,

AU PEUPLE.

CONCITOYENS,

Hier, au mépris des articles 35 et 98 de la Constitution, la Chambre des Représentants a voté un ordre du jour par lequel elle a déclaré que, non satisfaite des explications fournies par le Cabinet, elle le blâme et refuse d'entrer en rapport avec lui.

La Constitution me donne le droit exclusif de nommer et de révoquer les Secrétaires d'État. En émettant un vote qui est une révocation indirecte des Secrétaires d'État que j'ai appelés à former avec moi le Pouvoir Exécutif, la Chambre des Représentants a empiété sur ma principale prérogative constitutionnelle. Peut-être aurais-je cédé à ce vote si les motifs qui l'ont déterminé pouvaient le justifier devant le Pays. Mais il n'en existe pas.

CONCITOYENS,

Je proteste contre le vote de la Chambre des Représentants et vous laisse juges de la situation qu'elle a faite à la République en prenant une attitude qui l'empêche d'exercer le mandat législatif, conformément aux articles 83 et 117 de la Constitution.

Le pays a besoin de la paix. J'ai juré de maintenir

cette paix, et je la maintiendrai, appuyé par la confiance du peuple, qui est la base de toute souveraineté.

Si donc la Chambre persiste dans cette attitude qui paralyse le jeu de notre organisation constitutionnelle, le Pouvoir Exécutif, en lui laissant la responsabilité de son acte, en appellera à la Nation!

Vive la Constitution!

Vive la paix!

Donné au Palais National à Port-au-Prince, le 5 juin 1897, an 94e de l'Indépendance.

T.-A.-S. SAM.

CHAMBRE DES DÉPUTÉS

2e Session de la 21e Législature.

SÉANCE A HUIS CLOS DU LUNDI 7 JUIN 1897

Présidence de M. le Député V. GUILLAUME.

M. le PRÉSIDENT : La majorité étant régulièrement constatée, la séance est ouverte.

La parole est immédiatement laissée au collègue Camille Saint-Rémy, qui soumet aux délibérations de l'Assemblée la rédaction d'une « *Résolution* » tendant à retrancher la partie de l'ordre du jour de la séance du 4 juin, qui, selon la proclamation du Chef de l'Eta semblait constituer un empiétement sur ses prérogatives constitutionnelles.

Cette rédaction ainsi que celle du Message expliquant le vote du 4 juin sont, après discussion, acceptées à la presque unanimité.

M. le Président : Ces pièces seront donc adressées au Président d'Haïti.

Plusieurs voix : Oui, oui, par une délégation de Députés.

Ces documents accompagnés de la copie de l'ordre du jour de la séance du 4 juin sont expédiés à Son Excellence le Président de la République par une délégation composée des Députés Félix Richiez, J. Montreuil, B. Léveillé, A. Bessard, Daphnis Théodore, Dr T. Nicolas et Camille Saint-Rémy. Plus rien n'étant à l'ordre du jour, la séance est levée.

LIBERTÉ — ÉGALITÉ — FRATERNITÉ

RÉPUBLIQUE D'HÂITI

Port-au-Prince, le 7 juin, 1897, An 94e de l'Indépendance.

CHAMBRE DES DÉPUTÉS

—

Correspondance no 53

—

MESSAGE
A SON EXCELLENCE LE PRÉSIDENT DE LA RÉPUBLIQUE

Monsieur le Président,

La Chambre a l'honneur de vous expédier, sous ce couvert, un Message rédigé samedi matin, 5 du courant, et que, dès le début de la séance d'aujourd'hui, elle a sanctionné.

Elle vous prie d'excuser ce retard.

Elle vous prie aussi de recevoir une résolution qu'elle vient de voter.

L'Assemblée est heureuse de saisir cette occasion pour vous donner une nouvelle preuve de son entier dévouement.

Le Président de la Chambre.

Signé : V. Guillaume.

LIBERTÉ — ÉGALITE — FRATERNITÉ

RÉPUBLIQUE D'HAITI

Port-au-Prince, le 5 juin 1897, An 94e de l'Indépendance.

[CHA]MBRE DES DÉPUTÉS

—

[Co]rrespondance n° 52

—

MESSAGE

A SON EXCELLENCE LE PRÉSIDENT DE LA RÉPUBLIQUE

Monsieur le Président,

La Chambre des Députés, en contribuant à vous confier les hautes destinées de la Nation, s'est imposé le devoir de vous aider à la réalisation des idées de progrès propres à l'amélioration du sort du peuple. Elle a compris que, pour atteindre ce but patriotique, elle devait s'évertuer à observer toutes les conditions d'entente et d'harmonie qui doivent faciliter le libre jeu de nos institutions. Les principes de modération et de sagesse que vous préconisez garantissent au pays, qui a pleine confiance dans votre ferme volonté de lui donner la place à laquelle il aspire légitimement parmi les peuples civilisés, un avenir tel qu'il aura toujours à se féliciter de l'heureux choix de ses mandataires. C'est pourquoi, obéissant aux prescriptions de la Constitution et répondant au désir de la Nation, elle s'est empressée de se réunir dès le mois d'avril pour vous seconder dans l'accomplissement de votre tâche aussi élevée que délicate. Mue par ces sentiments, la Chambre des Députés, — elle aime croire que chacun lui rendra cette justice, — a pris à cœur de répondre à votre attente et à celle du pays. Elle a pensé que sa mission devait lui être d'autant plus facile que le *programme* du *4 janvier* répondait positivement à ses idées d'ordre et d'économie, dont la base a été jetée par elle depuis l'année dernière. Dans cet état de choses, la Chambre des Députés avait droit d'espérer que les prérogatives que lui assure la Constitution ne pouvaient être méconnues par des Secrétaires d'Etat revêtus de votre confiance. Se rappelant surtout ce que vous vous êtes déjà imposé de sacrifices pour le maintien de nos institutions démocratiques, la Chambre a décidé de vous donner tout le concours dont vous pourriez avoir besoin pour le triomphe des principes de votre Gouvernement. Aussi la Chambre vous prie-t-elle de lui permettre de vous exprimer tout le regret qu'elle a éprouvé de constater que quelques-uns de vos collaborateurs n'ont pas voulu se pénétrer de ses intentions qu'elle sait nobles et sincères. Elle a pensé qu'elle ne pouvait trahir ni son serment, ni la Constitution, en ne faisant pas la lumière sur *certains faits* parvenus à sa connaissance et relatifs à l'administration du Secrétaire d'Etat de l'Intérieur. Pour s'éclairer, elle a appelé vendredi dernier M. le Secrétaire d'Etat de ce Département à lui fournir les renseignements qui lui étaient nécessaires. Il lui est pénible de vous dire, Président, que, contrairement à son attente et encore qu'elle eût voulu circonscrire les débats dans les termes de l'interpellation, la Chambre s'est vue obligée, *devant la déclaration formelle* des cinq autres membres du Cabinet qu'ils *étaient solidaires*, d'accepter la discussion sur le terrain nouveau où le Cabinet avait cru devoir la porter. Les explications produites ayant été reconnues *insuffisantes*, la Chambre a voté l'*ordre du jour motivé* dont elle a l'honneur de vous en envoyer copie sous ce pli.

Il n'est pas nécessaire, Président, de vous rappeler les prérogatives que la Constitution à accordées au Corps Législatif, ni les discussions à la suite desquelles l'ordre du jour a été voté. La Chambre, inspirée par une sagesse dont votre expérience comprendra le mobile, n'a pas cru devoir, pour le moment, examiner la responsabilité pénale des Secrétaires d'Etat en vertu des articles 118 et 119 de la Constitution et en présence de la violation de son article 120 qui s'exprime en ces termes : « Chaque Secrétaire d'Etat reçoit du Trésor public pour tous frais de traitement une indemnité annuelle de *six mille piastres fortes.* »

Bien que cet article condamne le fait de l'ordonnancement des *huit mille gourdes* pour frais de tournée des Secrétaires d'Etat et eût pu servir de base à une mise en accusation, la Chambre n'a voulu, dans sa séance du 4 du courant, qu'exercer son droit constitutionnel d'interpellation, dont la conséquence n'a été fatale à tout le Cabinet et non *à un seul de ses membres* que parce que, dès l'ouverture du débat, tout le Cabinet s'est déclaré hautement *solidaire et responsable* de l'acte que la Chambre ne reprochait qu'à *un seul* Secrétaire d'Etat. Ce n'est pas en vain, Président, que la Constitution actuelle proclame que le Gouvernement de la République est essentiellement démocratique et représentatif (art. 34), que les membres du Corps Législatif représentent la nation entière (art. 65), et que les Secrétaires d'Etat sont respectivement responsables tant des actes du Président qu'ils contresignent que de ceux de leur Département ainsi que de l'inexécution des lois ; qu'en aucun cas l'ordre verbal ou écrit du Président ne peut soustraire un Sécrétaire d'Etat à la responsabilité (art. 118). La Constitution entend donc que le contrôle des deux Chambres soit efficace, car autrement elle serait réduite à un pouvoir *purement consultatif*. Elle entend que ce contrôle s'exerce sur les intermédiaires placés entre le Corps Législatif et le Président de la République, qui ne doit et ne peut descendre dans l'arène des luttes parlementaires de chaque jour, et ces intermédiaires *politiquement responsables*, qu'on peut critiquer *sans se mettre en rébellion* et déplacer *sans révolution*, sont MM. les Secrétairés d'Etat qui couvrent votre haute personnalité de leur responsabilité constitutionnelle (art. 118). Et c'est en vertu de ces mêmes principes constitutionnels que, en deux circonstances différentes, M. J.-J. Chancy d'abord, MM. Morin Montasse, Nemours Pre. Louis aîné,

Stewart, D[r] Jn-Joseph, Archin, Appolon ensuite, ont dû s'effacer *devant un vote motivé* de la Chambre. Nous ne pensons pas que les Secrétaires d'Etat actuels aient moins de patriotisme que leurs prédécesseurs.

Pour ce qui vous est personnel, Président, la Chambre reconnaît trop l'élévation de vos sentiments pour ne pas espérer qu'après de mûres réflexions vous n'arriviez à éviter la confusion que l'on semble vouloir établir entre les vrais intérêts de votre Gouvernement et ceux de vos Secrétaires d'Etat.

C'est dans ces sentiments, Président, que la Chambre vous prie de recevoir l'assurance de sa très haute considération.

Le Président de la Chambre.
Signé : V. GUILLAUME.

CHAMBRE DES DÉPUTÉS

—

RÉSOLUTION

Considérant que, dans sa séance du 4 juin, la Chambre des Représentants a voté un ordre du jour par lequel elle a blâmé le Cabinet et déclaré ne plus *entrer en rapport* avec lui ;

Considérant cependant que le Cabinet *n'a pas démissionné* ;

Considérant que le Président de la République, par sa proclamation en date du 5 du courant, déclare au peuple qu'il *proteste contre le vote de la Chambre* ;

Considérant que ces graves circonstances sont de nature à jeter le trouble dans l'administration du pays ;

Considérant, d'ailleurs, que la Chambre, en émettant le vote du 4 juin, n'a pas entendu empiéter sur les prérogatives constitutionnelles réservées au Chef de l'Etat ;

Considérant que le plus vif désir des Représentants du peuple est d'aider le Président de la République à maintenir la paix si nécessaire au bonheur et à la prospérité de la nation ;

La Chambre des Représentants, élevant son patriotisme au-dessus de toute considération, tenant surtout à épargner à la Patrie des embarras nouveaux dont les conséquences pourraient être désastreuses pour notre jeune nationalité, voulant enfin donner au pays, actuellement si éprouvé, et particulièrement au Président de la République qu'elle a spontanément contribué à élire, une preuve éclatante de son dévouement, *sous la réserve formelle* des droits que lui confère la Constitution ;

A décidé de continuer à exercer son mandat législatif conformément aux articles 83 et 117 de notre pacte fondamental.

Fait à la Chambre des Députés, ce 7 juin 1897, an 94e de l'Indépendance.

Signé : M. S. Jacques, B. Léveillé, L. Douyon, R. Monfiston, A. Poujol, O. Jadotte, F. Malbranche, J. Montreuil, C. Rinchère, N.-C. Laguerre, O.-M. César, F. Richiez, A.-H. Denis. A. Clermont, Camille St-Rémy,

J.-C. Gourgue, O. Cavé, F. Raphael, M. St-Ls. Alexandre, A. Vastey, St-Paul, Dr Aug. Comeau, Ls. Caze, M. Michaud, Pellisier Bernard, Turenne Desgraves, A. Bessard, A. Samson, B. Millien, A. Jn-Joseph, C. Héraux, M. Larosillière, D. Théodore, V. Anglade, D. Emmanuel, Ch. Salnave, B.-C. Gilles, J.-J.-E. Sidney. R. Hyppolyte, D. Simon-Sam, Fabius Hyppolite, Dr T. Nicolas, A.-G. Boco, Ls-A. Gautier, Berrouet, P. Nicolas, M. Salvador, A. Gachet, P. Anselme, Gral Seymour Faine, S. Dartiguenave, Dr Bernier fils, Ulrick Duvivier, Eug. Doutre, H.-N. Prophète, A. Durosier, J.-C. Wainright, B. Richard, P.-M. Apollon, D. Destin St-Louis.

Le Président de la Chambre,
V. Guillaume.

Les Secrétaires,
Estime Jne, A.-V.-B. Gauthier.

LIBERTÉ — ÉGALITÉ — FRATERNITÉ

RÉPUBLIQUE D'HAITI

Port-au-Prince, le 9 juin 1897, An 94e de l'Indépendance.

Section
de la
Correspondance législative
N° 9

TIRÉSIAS-AUGUSTIN-SIMON SAM,

Président d'Haïti,

A LA CHAMBRE DES DÉPUTÉS

Messieurs les Députés,

J'ai l'honneur de vous accuser réception de votre Message du 7 du courant ainsi que des pièces dont il est accompagné.

C'est avec une réelle satisfaction que j'ai pris connaissance de l'importante Résolution de la Chambre des Représentants qui, annulant le vote de vendredi dernier, vient heureusement rétablir la bonne harmonie si nécessaire — à l'heure actuelle surtout — entre le Pouvoir Exécutif et le Pouvoir Législatif.

Je vous en félicite et vous remercie bien vivement de m'avoir donné, en cette occasion, une preuve hautement appréciable de vos sentiments de confiance et de dévouement dont vous me renouveliez, il y a quelques jours, les formelles assurances.

Veuillez agréer, Messieurs les Députés, l'expression de ma très haute considération.

T.-A.-S. SAM.

CHAMBRE DES DÉPUTÉS

2e Session de la 21e Législature.

SÉANCE A HUIS CLOS DU VENDREDI 11 JUIN 1897

Présidence de M. le Député V. GUILLAUME.

M. LE PRÉSIDENT : Soixante-six députés ayant répondu à l'appel, la séance est ouverte à midi et demi.

M. LE PRÉSIDENT : Messieurs, vous avez été invités à passer à huis clos pour prendre connaissance de la dépêche du Président d'Haïti en réponse au Message que vous avez bien voulu lui adresser à la date du 7 du courant. Veuillez me permettre de vous en donner lecture.

Cette lecture est faite.

Après une pause, le Président a posé la question à l'Assemblée, à savoir si, par sa Résolution, elle entendait *revenir entièrement* sur son vote de vendredi 4 juin ou *sur la partie* qui, selon la proclamation du Chef de l'État, semblait empiéter sur ses prérogatives constitutionnelles.

M. le Député R. Hyppolite ayant obtenu la parole, fait ressortir que la Résolution ne tendait qu'à la *suppression* du *dernier membre de phrase* de l'ordre du jour voté, et qu'il y a lieu d'écrire un nouveau Message au Président de la République pour lui expliquer le sens dans lequel la Résolution a été prise. Cette opinion est *unanimement* partagée par l'Assemblée, qui déclare *n'avoir nullement entendu*, par la Résolution, *revenir sur le vote de l'ordre du jour motivé du 4 juin.*

M. le Président : Il y a donc lieu d'adresser un nouveau Message au Président d'Haïti pour attirer son attention sur ce point.

Plusieurs voix : Oui, une délégation apportera ce Message au Chef de l'État.

La rédaction du Message, lue et soumise à la délibération de l'Assemblée, est votée à l'unanimité.

M. le Président : Puisque c'est l'opinion émise par vous, mes chers collègues, vous me permettrez de vous proposer les honorables collègues qui doivent composer cette délégation : MM. Renaud Hyppolite, O. Cavé, Dr Comeau, A.-G. Boco, M. Larosillière, M. Michaud, F. Mallebranche, P.-M. Apollon, Berrouet.

Plus rien n'étant à l'ordre du jour, la séance est levée pour reprendre celle publique que nous avons suspendue à cette fin.

LIBERTÉ — EGALITÉ — FRATERNITÉ

RÉPUBLIQUE D'HAITI

Port-au-Prince, le 10 juin 1897, An 94e de l'Indépendance.

IBRE DES DÉPUTÉS

—

rrespondance nº 54

—

MESSAGE

A SON EXCELLENCE LE PRÉSIDENT DE LA RÉPUBLIQUE

MONSIEUR LE PRÉSIDENT,

La Chambre des Représentants a eu l'honneur de recevoir votre dépêche du 9 courant au nº 9, lui accusant réception de son Message du 7 et des pièces qui l'accompagnaient.

En prenant la Résolution modifiant son ordre du jour du vendredi 4 juin courant, pour en retrancher la partie qui, selon votre proclamation, constitue un empiétement sur votre principale prérogative constitutionnelle, la Chambre, Président, a voulu donner au premier Magistrat de la République, auquel elle est sincèrement attachée, une nouvelle preuve de la confiance qu'elle a dans ses sentiments élevés et de son vif désir de maintenir la plus franche entente entre les grands Pouvoirs de l'État.

Elle est heureuse d'avoir ainsi contribué à rétablir la bonne harmonie qu'on pourrait croire un instant troublée entre le Chef de la nation et elle, et saisit cette occasion pour vous renouveler, Président, la meilleure assurance de sa très haute considération.

Le Président de la Chambre.

Signé : V. GUILLAUME.

CONSEIL DES SECRÉTAIRES D'ÉTAT

DÉCLARATION

Dans sa séance de vendredi, 4 de ce mois, la Chambre des Représentants, par suite d'une interpellation du Secrétaire d'État de l'Intérieur, a donné un vote, déclarant que non satisfaite des explications du Cabinet, elle le blâme, refuse d'entrer en rapport avec lui et passe à l'ordre du jour (1).

Le 5, Son Excellence le Président d'Haïti a lancé une Proclamation par laquelle il a protesté contre ce vote, qui empiétait sur ses attributions constitutionnelles.

Le 7, la Chambre a voté une Résolution par laquelle elle a décidé de continuer à exercer son mandat législatif conformément aux articles 83 et 117 de notre pacte fondamental.

Le Cabinet,

Considérant que l'article 83 de la Constitution prévoit que les Chambres correspondent avec le Pouvoir Exécutif pour tout ce qui intéresse l'administration des affaires publiques;

---

(1) Je fais remarquer que *l'ordre du jour motivé* voté par la Chambre dans sa séance du 4 juin a été altéré. Je le reproduis pour faire ressortir dans quel sens l'altération a été faite : « La Chambre, non satisfaite des explications fournies par le Cabinet *sur les frais d'installation* que *des Ministres se sont illégalement attribués*, blâme la conduite du Cabinet, cesse d'entrer en rapport avec lui et passe à l'ordre du jour.

Considérant que l'article 117 de la Constitution prévoit que les Chambres peuvent requérir la présence des Secrétaires d'État et les interpeller sur tous les faits de leur administration; que les Secrétaires d'État interpellés sont tenus de *s'expliquer;* mais que cet article n'accorde point à la Chambre le droit d'infliger des votes de blâme à un Secrétaire d'État ou au Ministère (1),

Déclare ne point s'arrêter au vote de blâme qu'il considère comme nul et non avenu.

Par conséquent, il continuera à exercer ses fonctions tout le temps qu'il plaira à Son Excellence le Président d'Haïti de lui continuer sa haute confiance.

Port-au-Prince, le 12 juin 1897, an 94e de l'Indépendance.

Le Secrétaire d'État des Travaux publics et de l'Agriculture,
ARTEAUD.

Le Secrétaire d'État des Finances, du Commerce et des Relations extérieures,
A. FIRMIN.

Le Secrétaire d'État de l'Instruction publique,
J.-J. CHANCY (2).

---

(1) Voir les discussions à propos du droit d'interpellation et de ses conséquences au procès-verbal de la séance du 5 octobre 1889 de l'Assemblée Nationale Constituante. (Discussion Léger-Cauvin et A. Firmin, page 116.)

(2) Au moment où les Ministres déclarent que la Chambre n'a pas le droit d'infliger un vote de blâme à un Secrétaire d'Etat ou à un Ministère, je reproduis un acte officiel, un arrêté de Son Excellence le Président Hyppolite pris sous l'empire de la même Constitution et je fais surtout remarquer qu'un des signataires de *cette*

Le Secrétaire d'État de la Justice et des cultes,

SOLON MÉNOS.

Le Secrétaire d'État aux Départements de la Guerre et de la Marine,

S. MARIUS.

Le Secrétaire d'État de l'Intérieur et de la Police générale,

VALÉRIUS DOUYON.

Déclaration, que personne n'a du reste prise au sérieux, M. J.-J. Chancy, devant le vote motivé du 12 août 1891, avait pris sa retraite.

ARRÊTE

HYPPOLITE, PRÉSIDENT D'HAITI :

Considérant que le Cabinet a donné sa démission *à la suite du vote émis par la Chambre des Représentants* dans la séance du 12 du courant mois ;

Considérant qu'en conséquence il y a lieu de reconstituer le Conseil des Secrétaires d'Etat, vu les articles 98 et 113 de la Constitution ;

A arrêté et arrête ce qui suit :

Article premier. — Le citoyen C. Archin, Sénateur de la République, est nommé Secrétaire d'Etat des Relations extérieures et de la Justice.

Art. 2. — Le général Nemours (Pierre-Louis) aîné est nommé Secrétaire d'Etat de l'Intérieur.

Art. 3. — Le général Morin-Montasse, Sénateur de la République, est nommé Secrétaire d'Etat de la Guerre et de la Marine.

Art. 4. — Le citoyen P.-A. Stewart est nommé Secrétaire d'Etat des Finances et du Commerce.

Art. 5. — Le citoyen D.-J. Joseph, Président du Tribunal de Cassation, est nommé Secrétaire d'Etat des Travaux publics et de l'Agriculture (*en remplacement de M. J.-J. Chancy.*)

Art. 6. — Le citoyen Mac-Donald Apollon est nommé Secrétaire d'Etat de l'Instruction publique et des Cultes.

Art. 7. — Le Secrétaire d'Etat des Relations extérieures et de la Justice est chargé provisoirement du portefeuille de l'Intérieur jusqu'au rétablissement de la santé du titulaire.

Art. 8. — Le Secrétaire d'Etat des Travaux publics et de l'Agriculture est chargé provisoirement du portefeuille de l'Instruction publique et des Cultes jusqu'à l'arrivée du titulaire.

Art. 9. — Le présent arrêté sera imprimé, publié et exécuté.

Donné au Palais National, à Port-au-Prince, le 19 août 1891.

Signé : HYPPOLITE.

CHAMBRE DES DEPUTÉS

2e Session ordinaire de la 21e Législature.

SÉANCE DU VENDREDI 18 JUIN 1897

Présidence de M. LE DÉPUTÉ V. GUILLAUME.

. . . .

. . . .

. . . .

. . . .

. . . .

M. Boco aîné : Je demande la parole.

M. LE PRÉSIDENT : La parole est au Député Boco aîné.

M. E. Boco aîné : Messieurs, il y va de la dignité de la Chambre, qui se trouve dans ces moments comme dans une nuit profonde, *de faire publier tous les actes généralement quelconques* concernant l'interpellation du Cabinet, ainsi que *ceux de nos séances de huis clos ;* et le plus largement possible, pour nous permettre de faire le jour sur ces débats et au pays de juger de nos actes et de ceux des autres grands pouvoirs de l'État. Convaincu que vous partagerez mon avis, je descends de la tribune avec la satisfaction que ma proposition sera adoptée par l'Assemblée. (*Applaudissements, approbation.*)

M. LE PRÉSIDENT : Avant de mettre en délibération la proposition de l'honorable Député Boco, je dois vous rappeler, Messieurs les Députés, qu'il y a deux procès-verbaux de nos séances de huis clos qui ne sont pas encore sanctionnés. Il faut que ces documents soient revêtus de la sanction de la Chambre avant d'être envoyés à l'impression.

. . . .

. . . .

M. le Président : Le bureau écrira en conséquence au Département de l'Intérieur. On pourra lui demander de faire insérer ces pièces dans le *Moniteur* de mercredi prochain. (*Marques d'approbation générale.*)

ASSEMBLÉE NATIONALE CONSTITUANTE

Séance du 5 octobre 1889.

Moniteur du 28 décembre 1889, n° 53, et *Moniteur* du 8 janvier 1890, n° 2 *bis*.)

Sommaire. — Discussion du Projet de Constitution, vote des articles 26 à 47, premier alinéa.

Présidence de M. P.-A. Stewart.

Vice-Présidence de M. P.-E. Latortue.

L'appel nominal ayant fait constater la présence de dix-sept membres de l'Assemblée, la séance est déclarée ouverte.

M le Président : Le premier point de l'ordre du jour

comportait la sanction du procès-verbal de notre dernière séance; mais, à cause de la longueur des discussions qui ont eu lieu, ce procès-verbal n'a pu être achevé. Nous reprenons la discussion du projet de Constitution.

M. le premier Secrétaire donne lecture des articles 26, 27, 28, 29, 30, 31, 32, 33, 34, qui, mis aux voix, sont votés sans modification.

L'article 35 est lu et mis en délibération.

M. E.-C. Lafond : Mes chers collègues, vous tous avez lu, sans nul doute, la Constitution de la Repuque française : c'est un véritable monument littéraire. Dans cette Constitution on trouve une alliance de toutes les qualités du style : la clarté s'y joint à la simplicité, à l'harmonie, à la précision. Je puis le dire, notre honorable collègue Firmin a suivi cette théorie dans son projet de Constitution : il a dit beaucoup de choses en peu de mots et non pas peu de choses en beaucoup de mots.

Nous n'avons pas le talent, le génie des jurisconsultes qui ont élaboré la Constitution française ; mais, du moins, nous devons nous évertuer à faire quelque peu bien. Je le répète, il faut dire beaucoup de choses en peu de mots ; en cela nous suivrons l'exemple de ceux dont nous avons adopté la langue. Ainsi donc, au lieu du texte de l'article 35 qui dit : « Chaque pouvoir est indépendant des deux autres, dans ses attributions qu'il exerce séparément », je propose ceci : « Chaque pouvoir est indépendant des autres et par conséquent exerce séparément ses attributions. »

Mise aux voix, la motion Lafond est rejetée et l'article 35 demeure voté.

Puis l'Assemblée adopte, sans modification, les articles 36, 37, 38, 39, 40, après lecture.

A l'article 41, M. A. Firmin demande et obtient la parole.

Messieurs, dit-il, il me semble que le dernier alinéa de cet article devrait faire corps avec l'article suivant. Il dit que le nombre des Représentants sera fixé par la loi, en raison de la population de chaque commune. J'aurais proposé de détacher cet alinéa et de le mettre dans l'article 42.

Mise aux voix, la proposition Firmin est agréée et l'article 41 se trouve voté avec la suppression demandée.

Lecture est donnée de l'article 42 qui est mis en discussion.

M. Dérac : Messieurs et chers collègues, si en ce moment j'ose réclamer la parole dans cette honorable Assemblée pour soumettre à votre judicieuse appréciation une proposition, c'est que d'avance je suis persuadé que vous êtes, comme moi, inspirés des meilleurs sentiments en faveur du pays, de notre chère patrie.

Grace à son importance politique et au rôle héroïque et noble qu'elle a soutenu dans les derniers événements qui ont renversé Légitime, cet usurpateur des droits du peuple haïtien, la ville de Saint-Marc mérite la sollicitude des grands Corps de l'État. Déjà, par une anomalie injuste de nos précédents législateurs, la ville de Saint-Marc se trouve placée dans la catégorie des communes de troisième classe, au point de vue militaire, et de quatrième au point de vue financier. Il importe de corriger certaines erreurs. La commune de Saint-Marc offre environ deux à trois mille électeurs, et pourtant elle n'a droit qu'à un député. La nouvelle commune, « La Chapelle », peut à peine offrir deux cents électeurs et pourtant elle a droit également à un député. C'est pourquoi je vous soumets la proposition suivante :

« Considérant qu'il y a lieu, par l'importance politique de Saint-Marc et par le nombre de sa population, de déclarer que cette ville doit être placée sur le même pied que celle de Jérémie, le soussigné propose d'élire deux députés pour cette localité. — *Signé :* A. Dérac. »

Il ajoute : Mes chers collègues, vous ferez acte de justice, d'équité et d'encouragement en acceptant ma proposition.

Mise en discussion, puis aux voix, la proposition Dérac est adoptée à l'unanimité.

M. A. Dérac : Messieurs et chers collègues, je n'en attendais pas moins de votre patriotisme éclairé. Au nom de la population de Saint-Marc, dont je suis fier d'être le Représentant, permettez-moi de vous remercier pour le concours que vous venez de m'accorder.

L'article 42 est mis en discussion avec l'addition proposée par M. Dérac.

M. A. Firmin : Je proposerais, au lieu de la rédaction primitive de l'article 42, une autre rédaction :

« Art. 42. — Le nombre des Représentants sera fixé en raison de la population de chaque commune.

« Jusqu'à ce que l'état de la population soit établi, et que la loi ait fixé le nombre de citoyens que doit représenter chaque député à la Chambre des Communes, il y aura trois représentants pour la Capitale, deux pour chaque chef-lieu de département, deux pour chacune des villes de Jacmel, de Jérémie et de Saint-Marc, et un pour chacune des autres communes. »

Messieurs, laissez-moi vous expliquer en deux mots pourquoi je propose ce changement. Quand la commis sion chargée de l'élaboration du projet de constitution a mis que, « jusqu'à ce que l'état de notre population soit établi, on continuera à avoir trois représentants pour le capitale, deux pour Jacmel, Jérémie et Saint-Marc, et un pour chacune des autres communes », c'est parce que nous n'avions jamais eu de recensement dans notre pays. L'idée du législateur est, évidemment, de nommer les représentants du peuple en raison de la population de chaque commune ; puisque chaque député est appelé à représenter une certaine partie de la population, il faut que cette population soit fixée par un recensement.

En France, par exemple, il y a un député par 35,000 habitants; aux États-Unis, il y en a un par 130,000 ; en Suisse, un par 20,000 ; en Belgique, un par 40,000. En Haïti, on a toujours fixé provisoirement le nombre des Représentants du peuple ; le présent projet de Constitution renferme également cette fixation provisoire ; il doit en être ainsi, puisque nous n'avons pas eu jusqu'ici d'administration sérieuse, capable de faire un recensement valable. Mais il faut qu'une réserve soit faite pour le jour où nous aurons ce recensement, et ce jour-là les députés seront nommés d'après la population des communes. Il se peut parfaitement après qu'on ait fait un recensement sérieux, que la loi vienne à imposer un député par 10,000 ou par 20,000 habitants. Alors la lettre de la Constitution sera d'accord avec elle, sans aucune ambiguïté.

Mise aux voix, la proposition Firmin est votée et l'article 42 est adopté avec sa modification.

L'article 43 est voté sans discussion.

L'article 44 est lu et mis en délibération.

M. T. Guilbaud : Messieurs, un citoyen, en acceptant le mandat de représenter le peuple, s'engage à se conformer aux vrais intérêts de sa commune; il est naturel qu'il s'inspire des sentiments dont sont animés ses mandants, il doit être l'interprète fidèle de leurs aspirations. Mais souvent les tendances du peuple se transforment, de sorte qu'il est juste que le renouvellement du mandat de Représentant du peuple se fasse le plus souvent possible. Quand ce mandat dure trop longtemps, il arrive souvent ceci : le député, tout en parlant au nom de sa commune, a cessé de représenter les vrais intérêts de ses mandants. Nous avons vu sous certains gouvernements des Députés, des Représentants du peuple émettre des votes contre lesquels protestait l'esprit public, tandis que le Pouvoir Exécutif, s'appuyant sur le fait d'avoir avec lui la majorité des Chambres, prétendait agir dans l'intérêt et avec la participation du peuple. C'est pourquoi je vous propose de dire :

« Art. 44. — Les Représentants du peuple sont élus pour trois ans. Ils sont indéfiniment rééligibles. »

M. E.-C. Lafond : Messieurs, je veux ajouter deux mots à ce que vient de dire notre collègue Guilbaud. Dans ce pays, il a toujours existé un véritable débordement d'ambitions. Chacun, après avoir souffert, voudrait jouir de quelque chose. Ainsi, nous avons beaucoup de nos collègues qui sont déjà Constituants et qui reviendront à la Chambre comme Députés : on dira que c'est trop jouir. Je propose donc, en appuyant la motion Guilbaud, que les Députés soient élus pour trois ans.

M. A. Firmin : Moi aussi, et pour les mêmes raisons,

j'appuie la proposition de mon collègue Guilbaud, qui en a déjà déduit les motifs. Je propose seulement cette modification, au lieu de dire simplement, comme dans le texte primitif :

« *Le renouvellement se fait intégralement.* » je propose ceci : « *Le renouvellement de la Chambre des Communes se fait intégralement.* »

M. G. Guibert : Messieurs, je trouve nécessaire que vous fixiez le mandat de Représentant du peuple en raison de la durée du mandat présidentiel; je propose de réserver l'article 44 pour le moment où nous discuterons la durée de la Présidence.

M. J.-B. Guillaume : Messieurs, pour ma part, je vous ferai observer que, jusqu'à présent, nous ne pouvons pas savoir quelle sera la durée du mandat présidentiel; je crois fort que nous aurons, à ce sujet, quelques discussions.

Si nous réduisions la durée du mandat de Représentant du peuple à trois ans et que nous adoptions sept ans pour celle du mandat présidentiel, il restera toujours un an en plus, et il faudra que ce soit une nouvelle Chambre qui élise le Chef de l'État qui succédera à celui qui va être nommé.

Messieurs, il n'est pas bon de convoquer trop souvent les Assemblées primaires; c'est pourquoi je conclus au maintien de l'article.

M. Delbeau : J'appuie la proposition du collègue Guillaume, car il nous a présenté de graves considérations. Dans ce pays, à chaque fois que s'ouvre la période des élections, c'est une période de troubles. Autant nous reculerons ces périodes, autant le pays pourra jouir de la tranquillité.

M. T. Guilbaud : Messieurs, je me serais mal expliqué ou mes collègues ne m'auraient pas compris. Je vous ai déclaré que les intérêts que représentent les Députés se déplacent souvent, que les tendances du peuple se transforment sans cesse. Il faut qu'en changeant le plus fréquemment possible la composition de la Chambre, nous permettions à ces tendances de se faire jour; c'est pourquoi je vous demande de fixer la durée du mandat de Représentant du peuple à trois années au lieu de quatre.

M. Ch. Bernier fils : Mes chers collègues, nous n'avons pas à avoir peur de ces trois ans; le Gouvernement sera assez fort pour maintenir l'ordre en toutes circonstances!

Votons donc pour les trois ans!

Mise aux voix, la proposition Guilbaud est votée.

La proposition Firmin tendant à changer la rédaction du second paragraphe du même article est également votée. Puis l'Assemblée adopte avec ses modifications l'article 44.

L'article 45 est lu et mis en discussion. Il est voté sans modification.

L'article 46 est mis en délibération.

M. A. Firmin : Messieurs, tout d'abord j'avais proposé de rédiger ainsi l'article : « Pendant la durée de la session législative, chaque Représentant du peuple perçoit 25 piastres fortes par jeton de présence; » mais cette rédaction n'a pas eu l'approbation de la commission chargée de l'élaboration de notre projet de constitution. Je suis tombé d'accord avec elle pour renoncer à cette modification. Cependant, en jetant les yeux sur le règlement de la Chambre, j'ai vu qu'il y a là aussi une disposition qui corrobore parfaitement ce que j'avais proposé. Il y a un article qui dit que « *le député, en cas d'absence non motivée, perd 25 piastres par chaque séance à laquelle il n'a pas assisté.* » Je vous demande d'ajouter cette disposition après l'article 46. (*Bruits, protestation dans l'Assemblée.*)

M. Firmin renonce à sa proposition et l'article 46 demeure voté sans modification.

L'article 47 est lu et mis en délibération.

M. Figaro Jn.-Philippe : Mes chers collègues, je vous propose d'ajouter à cet article ce qui suit : « *Il ne pourra en aucun cas percevoir que le traitement alloué à l'une de ces deux fonctions.* »

M. Léger Cauvin : Motion d'ordre ! Un article du règlement permet au bureau de diviser les qestions. Or, dans l'article 47, il y a un principe général énoncé par le premier alinéa et une exception qu'on veut consacrer dans le second alinéa. Je suis sûr que ceux de nous qui sont partisans du principe ne sont pas d'accord sur l'exception.

C'est pourquoi je propose de mettre d'abord en discussion le premier alinéa.

L'Assemblée consultée adopte cette proposition. Le premier alinéa de l'article 47 est donc mis d'abord en discussion.

M. Léger Cauvin : Messieurs, je vous propose, pour rendre cet article plus clair, d'ajouter comme dans certains articles précédents, après les mots « fonctions rétribuées par l'Etat », ces mots-ci : « et à la nomination du Pouvoir Exécutif. »

M. A. Firmin : Je suis contre la proposition Cauvin, et pour cause. Nous disons dans l'article que les fonctions de Député sont incompatibles avec toutes autres fonctions rétribuées par l'Etat, parce que nous ne voulons pas qu'on puisse trop jouir du Trésor public. Mais supposons qu'un Représentant du peuple ait des capacités spéciales et qu'on soit obligé de l'employer, si on désire arriver à un bon résultat ; supposons, par exemple, que le Gouvernement se trouve en face d'une mission purement honorifique et temporaire et que ce Député ait seul les capacités pour la remplir : si nous adoptions la proposition Cauvin, n'empêcherait-elle pas que cette mission fût bien remplie, par le choix d'un Représentant éclairé, puisque le Pouvoir Exécutif serait dans l'impossibilité de le nommer ? Je sais que le Constituant, en créant ces incomptabilités, a surtout en vue de préserver la dignité du mandat de Député du peuple, en écartant toutes les circonstances pouvant entraîner les Députés à céder à la corruption. Mais n'y a-t-il pas aussi une question de haute prévoyance à ne pas exposer le pays à se priver du concours nécessaire d'un citoyen parce qu'il sera Représentant du peuple ?

D'ailleurs, du moment qu'il sagit d'une fonction non rétribuée, le Représentant du peuple ne sera pas exposé à être corrompu. C'est pourquoi je demande que la rédaction de l'article reste telle quelle.

Devant les explications de M. Firmin, M. Léger Cauvin déclare retirer sa proposition.

Mis aux voix, le premier alinéa est adopté.

Le second est mis en discussion.

M. A.-L. Labossière : Selon moi, il y a un inconvénient dans cet alinéa...

..... M. Léger Cauvin : Motion d'ordre ! Il y a un amendement qui a été déjà proposé par notre collègue

Figaro. C'est cet amendement qui doit être mis en discussion.

M. le Président : La proposition Figaro n'est qu'une simple addition à l'article 47.

M. A.-L. Labossière : Messieurs, je vous disais qu'il y a un inconvénient dans le second alinéa de cet article. Il dit que tout Député qui accepte, durant son mandat, à être Ministre-Résident ou Secrétaire d'Etat continue toujours à faire partie de la Chambre des Communes ; il optera pour l'un des traitements alloués aux deux fonctions. Je demande que l'alinéa soit amendé de la manière suivante :

« Néanmoins, tout Député qui accepte durant son mandat à être Minisire-Résident ou Secrétaire d'Etat cesse de faire partie de la Chambre, et il sera pourvu à son remplacement, et ce conformément à la loi électorale. »

La proposition Labossière est mise en discussion.

M. Delbeau : S'il m'est facultatif de présenter à l'Assemblée un contre-amendement, je vais vous donner lecture de la proposition suivante :

« Néanmoins, tout Député qui, durant son mandat, « accepte d'être Ministre-Résident ou Secrétaire d'Etat « cesse d'avoir voix délibérative à la Chambre des « Communes. Il cesse de percevoir les traitements « alloués au Député tout le temps que l'exercice de « son mandat sommeille. »

Il y a une raison, à part tous autres motifs, qui doit porter l'Assemblée à l'accepter, c'est celle-ci : Quand une Assemblée vote un pacte, elle doit autant que possible mettre ses articles en accord les uns avec les autres. Or, vous avez déjà l'article 35 qui dit en termes formels *que chaque pouvoir est indépendant des deux autres, dans ses attributions qu'il exerce séparément.* Pour cette seule raison, l'Assemblée doit adopter ma proposition. Si nous laissons encore aux Députés le droit de devenir Ministres, il est juste que, durant leurs fonctions de Secrétaires d'Etat, ils n'aient pas voix délibérative à la Chambre des Communes.

M. Figaro Jn. Philippe : Messieurs, il y aurait une plus grande simplification en adoptant l'addition que j'ai soumise à l'Assemblée. Je vous prie, mes collègues, d'accepter ma proposition.

M. le Président *à M. Figaro* : Il y a déjà un sous-amendement proposé par un autre collègue. Avant de passer au vote de votre addition, il faut d'abord que ce sous-amendement soit accepté ou rejeté.

M. Léger Cauvin : Messieurs, j'admire avec quel bonheur notre collègue Labossière, au premier pas de sa carrière politique, aborde un des problèmes les plus délicats du droit constitutionnel. J'ai un véritable plaisir à marcher sur ses traces dans la voie où il s'est engagé, et je lui demande la permission de joindre ma voix à la sienne.

Les fonctions de Représentant du peuple sont-elles, ou non, compatibles avec celles de Ministre-Résident près d'un gouvernement étranger ou de Secrétaire d'Etat? Telle est la question que vous avez à résoudre : c'est entre ces deux alternatives que le projet d'une part, et, d'autre part, l'amendement auquel j'adhère, vous demandent de vous prononcer.

Quelques mots d'observation, et nous ferons sortir du débat les Ministres-Résidents. Quand les Assemblées primaires élèvent un citoyen à la dignité de Représentant du peuple, ce n'est pas pour le vain plaisir de rendre un public hommage à son mérite ; ce n'est point pour son avancement personnel, dans la pensée de lui ouvrir le chemin des hauts emplois et de faire sa fortune ; ce n'est point, en un mot, pour lui-même ; c'est pour l'utilité publique. Son devoir est d'être là toujours à son poste, pour veiller, vigilante sentinelle, sur les intérêts de la communauté ; de parler, s'il en a le talent, et de voter chaque fois dans le sens le plus conforme à la conservation et à la prospérité de l'Etat. Comment concilier un pareil mandat avec la nécessité permanente que sa charge fait au Ministre-Résident, le mot seul le prouve, de vivre au siège du Gouvernement auprès duquel il est accrédité ?

A la distance où sont de nous les autres peuples, nos amis, comment suivra-t-il les débats de la Chambre, et, à moins de voies de transport dont je ne connais pas encore le modèle, comment lui sera-t-il permis d'arriver, tout à coup, dans les occasions solennelles, pour sauver, par son vote ou par ses discours, la République en danger ? Ne perdons pas de vue que la mission du Ministre-Résident, n'ayant pas de durée à l'avance déterminée, s'étendra, en général, au delà du temps marqué pour une législature et que, dès lors, durant toute cette législature, il aura gardé le mandat sans l'exercer, laissant en déshérence son siège à la Chambre ; en d'autres termes, sa commune n'aura pas été représentée. Consentirez-vous à légaliser un pareil scandale ? Convenez plutôt avec moi qu'il y a entre les deux fonctions dont le projet vous demande de permettre le cumul une incompatibilité en quelque sorte matérielle.

J'ajoute que la séduction d'une grande situation

diplomatique, avec les avantages que cette position confère, est un moyen trop puissant que vous mettriez aux mains du Pouvoir Exécutif, pour éloigner de la Chambre quiconque par une opposition peut-être légitime embarrasserait sa politique.

Mais les Ministres-Résidents, vous avez dû vous en apercevoir, ne sont là que pour faire nombre. La vraie question en débat, le véritable abus à combattre, à prévenir, c'est la faculté pour le Secrétaire d'Etat, tiré de la Chambre des Députés, de ne pas perdre son siège de législateur, d'avoir, si vous me permettez cette figure, un pied sur chacun des hauts sommets de l'Etat.

Dieu me garde de critiquer devant cette Assemblée ses propres décisions! Je dois à la souveraineté nationale, dont vous êtes les organes, de faire abnégation de mes idées personnelles, pour m'incliner profondément devant ce que vous avez résolu. Mais je ne crois pas me départir du respect que je dois à la majorité, si je vous dis que nous avons déjà, par deux fois, froissé le sentiment national, d'abord en permettant la naturalisation de tout étranger sans distinction de race, ensuite en profanant l'institution du jury.

N'allons pas, une troisième fois, bafouer les aspirations politiques.

Oui, après la triste expérience qui en a été faite sous le Gouvernement du Général Salomon, l'opinion générale a condamné cette confusion des pouvoirs dans la personne des Députés-Ministres! J'ai de cela une preuve authentique. Le décret du 24 août 1888, œuvre des délégués de quatre départements et que la République tout entière a tacitement adopté dans son ensemble, puisque c'est en vertu de cet acte que les Assemblées primaires ont consenti à se réunir pour vous nommer leurs Représentants, le décret du 24 août, dis-je, contient ce qui suit : « *Considérant que la Constitution de* « *1867, revisée en 1879, 1883, 1885, 1886, est* « *devenue une Charte incohérente, renfermant la* « *plus détestable organisation des Pouvoirs.* » Qu'est-ce à dire? Comparez le texte de 1879 à celui qu'il revise : vous verrez que ce n'est pas à lui que s'applique la souveraine condamnation prononcée, au nom du peuple, par le Comité central révolutionnaire. C'est donc aux modifications suivantes que la Constitution, tant de fois remaniée, doit de ne contenir plus qu'une détestable organisation des Pouvoirs publics. Or, dans ce nombre, figure le décret qui permet de cumuler le Ministère et les fonctions législatives. C'est donc une de ces innovations si hautement réprouvées du Gouvernemet de M. Salomon que l'on vous propose de reprendre.

Est-ce que ce ne serait pas égarer hors de sa voie cette même révolution que, souvenez-vous-en, vous avez pour mission de conduire à son but? Est-ce que ce ne serait pas la faire mentir à une de ses déclarations les plus solennelles?

Encore si les Députés-Ministres avaient au moins en leur faveur, comme je le prouvais il y a peu de jours pour les jurés, la recommandation des précédents de notre droit public. Mais il n'en va pas ainsi.

Il ne peut pas s'agir dans la question de cette Constitution de 1806, qui accumulait presque tous les pouvoirs aux mains d'une Assemblée sans contre-poids et qui subalternisait le Président de la République, au point qu'il nommait à peine aux fonctions administratives. La revision de 1816, qui créa la Chambre des Députés et fit rentrer le Corps législatif dans ses attributions normales, ne souffrait pas que le même citoyen fût à la fois mandataire de la nation et conseiller officiel du Chef de l'État. Quand triompha la Révolution de 1843, réaction violente contre le régime précédent, elle n'alla pas néanmoins jusqu'à rendre compatibles deux fonctions que ce régime avait séparées : les Députés continuèrent à n'avoir pas le privilège de rester à la Chambre s'ils acceptaient le Ministère. Sans doute, la Charte de 1846 adopta la règle contraire et le Gouvernement de 1859 suivit cet exemple; mais n'oubliez point que, de ces deux expériences, la première n'a pas duré; n'oubliez pas non plus que le cumul de deux fonctions que leur nature défend, ce semble, de réunir, n'a pas empêché cette dissolution de la Chambre qui, en 1864, fut le premier pas de Geffrard vers l'abîme où il tomba trois ans après! Aussi, a-t-on bien pris garde dans la suite de ne pas confondre deux charges presque antagoniques. Il fallut la revision du 7 octobre 1885 pour implanter dans nos lois la disposition que préconise le projet.

Messieurs, quand je me rappelle que le Député a pour mission d'exercer le contrôle sur le Ministre, obligé à son tour de le subir, je ne puis m'empêcher de demander aux fauteurs de l'article du projet comment s'exerceront les deux fonctions par la même personne. M. Delbeau, qui voit la difficulté, essaie de la tourner et vous propose de déclarer que, durant qu'il appartiendra au Cabinet, le Représentant du peuple n'aura pas voix délibérative à la Chambre. Mais je n'ai qu'à lui opposer ce que je disais tout à l'heure à propos des Ministres-Résidents : c'est que, dans son système, non seulement le mandataire n'aura pas rempli les intentions des électeurs, ses mandants qui, certes, n'avaient pas entendu faire de lui un Ministre au détriment de ses devoirs législatifs, mais encore sa commune sera temporairement privée de représentation. Son siège, en attendant qu'il y revienne, restera vacant. N'est-il pas plus conforme à l'intérêt public de pourvoir à son remplacement?

Si, au contraire, vous rejetez le tempérament qu'apporte M. le Constituant du Petit-Goâve, convenez qu'il y aura alors quelque chose qui répugne au sens commun : c'est que le même homme, qui aura parlé au nom du Pouvoir Exécutif, aura la faculté, ainsi qu'il en a été sous le Gouvernement du général Salomon, de quitter sa place première, pour aller se confondre dans les rangs de la Chambre et opiner une deuxième fois dans le même débat.

Et si par hasard, ayant subi dans le Conseil l'empire de la majorité, il lui plaisait d'user de la liberté de son rôle législatif pour parler ou voter dans un autre sens, renouvelant ainsi le scandale de cet ambassadeur d'Angleterre à Constantinople qui vint un jour, organe autorisé de son Gouvernement, engager le sultan à accepter une note ou un protocole des puissances européennes, mais retourna peu d'instants après, dépouillé de son costume officiel, insister auprès du même souverain pour qu'il repoussât les mêmes exigences diplomatiques !

Quand un système, envisagé sous l'une et l'autre face, amène à une inconséquence, il n'y a pas de doute que ce système-là est affecté d'un vice incurable.

Messieurs, n'en déplaise à M. le Président, le règlement, qui condamne en général les personnalités, ne les interdit pas lorsqu'elles n'ont rien de désobligeant. Avec nous, siège dans cette Assemblée un membre, un conseiller du Gouvernement provisoire, qui intervient sans cesse dans nos discussions, comme pour les conduire et les dominer. Chaque fois qu'il parle, il semble, et c'est l'impression que ressentent beaucoup d'entre vous, il semble que ce soit ce Gouvernement qui emprunte sa voix pour s'adresser à nous... *(Murmure et interruption.)*

M. le Président : Mon collègue, je dois relever vos paroles. L'Assemblée est assez indépendante pour ne subir l'influence de qui que ce soit.

M. Léger Cauvin : J'ai dit, *il me semble*. Mais puisque, en parlant d'un fait pourtant indéniable, je m'expose à ce qu'on prenne le change sur mes intentions, je renonce à ce que j'allais dire à ce propos ; j'y renonce d'autant plus volontiers que cela n'enlève rien au succès de ma thèse.

Messieurs, je lis dans l'artiele 35 que « *Chaque pouvoir est indépendant des deux autres dans ses attributions, qu'il exerce séparément.* »

Pourquoi irions-nous, à propos des hautes charges de l'État, déroger au principe de la séparation et du non-cumul, que nous avons ainsi adopté ? Si je consulte le rapport, j'y trouve que c'est en vue de donner une plus grande étendue à l'influence du Parlement dans les affaires publiques. Je reconnais et je proclame que cette influence n'est pas seulement désirable ; elle est nécessaire, et si, en droit ou en fait, elle n'existait pas, le gouvernement représentatif ne serait qu'un leurre, une dérision, une amère plaisanterie. Mais là n'est pas la question : il s'agit de savoir comment atteindre ce résultat indispensable.

Il y a, dans l'ancien et le nouveau monde, deux types du Gouvernement représentatif, qu'on a l'habitude d'opposer l'un à l'autre : celui des États-Unis d'Amérique et celui d'Angleterre. Le premier donne au Congrès le vote des lois, le mettant, en quelque sorte, en rapport immédiat avec le Président de la République; le second accorde, en outre, au Parlement le droit d'interpellation et cette prérogative plus grande de voir siéger ses membres dans le cabinet et d'avoir ainsi, par eux, le maniement des affaires. Ma préférence n'est pas pour celui-là. C'est celui-ci que vous recommande le projet.

M. Méléus Pierre : Mais c'est le parlementarisme tel qu'il est pratiqué en Angleterre et partout ailleurs.

...M. Léger Cauvin : Mon collègue, qui, paraît-il, a vu tous les pays civilisés, me permettra de lui répondre tout à l'heure par des faits tirés de l'histoire du parlementarisme, en Angleterre et en France seulement...

M. Méléus Pierre : Pardon ! Un collègue qui a lu comme vous et qui sait comment cela se pratique en pays étranger !

...M. Léger Cauvin : J'ai dit que des deux types du gouvernement représentatif, je ne veux ni de l'un ni de l'autre, parce que l'un reste en deçà du but que nous poursuivons, et que l'autre le dépasse. En effet, la mission du Corps législatif est double. Il prescrit d'abord, d'une manière générale, ce qui convient le mieux aux intérêts de l'État. C'est beaucoup, sans doute, d'ordonner; mais il faut encore qu'il surveille comment ses volontés sont exécutées. Si donc, en dehors du droit pour la majorité de faire exercer le Pouvoir Exécutif par quelques-uns de ses membres, sous le titre de Secrétaires d'État, vous trouvez pour le Corps législatif autant de modes d'agir qu'il a de genres d'attributions, le problème est résolu ; vous n'avez rien d'autre à faire, et il n'est pas utile que vous permettiez au député d'être en même temps ministre. Or, les Chambres législatives ont deux sortes d'influence : l'influence directe, qui s'exerce par le vote des lois et décrets, et qui répond à la première partie de leur mandat ; l'influence indirecte, qui, par *le droit d'interpellation,* leur perrmet de *contrôler* l'exécution de leurs actes, de *juger* la conduite des conseillers du Pouvoir Exécutif. Permettez que, sur ce point, j'ajoute une observation : c'est que, je ne dis pas l'interpellation elle-même, mais la crainte de la subir et d'avoir à expliquer en public un acte de caractère illégal ou même douteux, suffira bien souvent à écarter le ministère de la mauvaise voie.

Non, nous n'avons pas besoin de nationaliser en Haïti ce que j'ai le droit d'appeler l'excès du parlementarisme anglais. Je dis plus : il y aurait danger à le faire. Ne voyez-vous pas, en effet, que du moment que vous permettrez au Représentant du Peuple d'accepter les fonctions de Secrétaire d'État, sans déchoir de son premier rang, la tentation le prendra de réunir en lui l'une et l'autre qualité ? N'apercevez-vous pas qu'à faire ainsi du ministère l'enjeu des combinaisons de la majorité, vous introduirez dans notre organisme politique, tant vicié déjà, un mal qu'il ne connaît pas encore : les coalitions parlementaires ? A quoi ne poussera pas l'ambition du pouvoir, quand on n'aura pas le désavantage de n'y parvenir qu'en sortant du Parlement? Ah! l'histoire des pays étrangers, que l'on m'opposait tout à l'heure, contient à notre adresse de grands enseignements. Je prends quelques exemples au hasard de ma mémoire.

A la fin du siècle dernier, on a vu Fox, le noble et loyal Fox, donner la main, pour renverser le Ministère et partager sa succession, à qui?... à ce même lord North que, quelque temps auparavant, il avait fait pleurer de honte en pleine Chambre des Communes. Et si, de ces temps, nous descendons à des années moins reculées, qu'est-ce que nous constatons? Quand John Russell, après Huskisson, tenta la réforme financière, qui s'y opposa? Robert Peel, un profond économiste, qui se fit protectionniste d'occasion pour discréditer le Cabinet. Mais, dix ans après, la crise financière qu'on avait pour but de terminer étant enfin parvenue à son comble, le même Robert Peel reprit en sous-œuvre la pensée qu'il avait publiquement et énergiquement condamnée; il fit la réforme des tarifs.

Eh! ne croyez pas que la France ait plus échappé à l'immoralité de la course aux portefeuilles. Vous connaissez, n'est-ce pas? la guerre acharnée, guerre injuste s'il en fût jamais, qui fut faite à M. de Villèle, pour cette mesure si sage et si juste de la conversion des rentes de l'État? Et M. Thiers, avec M. Guizot, se coalisant contre M. Molé, coupable seulement de loyauté envers l'Autriche, à qui un traité avait promis l'évacuation de la ville d'Ancône! Que ces choses ne soient plus si faciles en Angleterre et en France, c'est que là une force existe qui réfrène les ambitions individuelles. Est-ce que vous l'avez en Haïti? Voyons, dites-le mo franchement : quel est l'empire de l'opinion publique en Haïti ?

Vous voulez que, pour la plus grande influence du Parlement dans les affaires, les députés puissent être en même temps Ministres? Eh bien! voyons si vous ne ferez pas des portefeuilles une prime aux intrigants.

De nos deux Chambres, le Sénat, mieux composé, n'oublie ni son origine ni ses traditions : il veut garder son rôle de modérateur; son propre est la mesure dans l'action. Ce n'est pas lui qui provoque les crises ministérielles. C'est la Chambre des Communes. Mais elle, de quels éléments est-elle ordinairement formée ? D'abord, un petit nombre d'individualités plus remarquables, actives, impatientes d'influence et qui ne demandent que l'occasion de s'imposer au pouvoir. Puis, d'autres moins bruyantes, plus sages, qui connaissent le prix de la modération, mais dépourvues, quoique honnêtes, de cette vertu agissante qui, non contente de s'abstenir du mal, fait effort pour inspirer l'idée du bien aux autres. Puis, le gros du corps, les moutons de Panurge, le troupeau qui suit les hommes ardents et exagérés, parce qu'ils prennent aisément la véhémence pour le courage. Que ce passerait-il dans ce milieu? De cette minorité dirigeante, les plus pressés s'entendront sans peine pour le renversement du Cabinet et pour la distribution entre eux de ses dépouilles. Que le Chef de l'État ne les appelle pas à lui, la coalition restera debout, et, rendant impossible tous autres Ministères qui n'auront pas été formés à son gré, finira par lui forcer la main. Mais le succès des premiers coalisés troublera le sommeil de leurs suivants. Il viendra à la surface de la Chambre d'autres candidats ministres qui enrôleront sous leur bannière tous ceux qu'une déception, une espérance trompée aura mécontentés, et voilà une nouvelle crise. Si c'était là ce que vous vouliez permettre sous prétexte d'une influence plus large du Parlement, vraiment je ne vous en féliciterais point.

Avec cela, que deviendrait le Chef de l'État?

Messieurs, la responsabilité des membres du Parlement est illusoire, elle ne va pas au delà du parchemin sur lequel nous l'écrivons, et il suffit à quiconque a, comme législateur, compromis ou trahi les intérêts de l'État, de replonger quelque temps dans la vie privée, pour échapper à la réprobation publique. La responsabilité ministérielle, et l'expérience le prouve tous les jours, n'est pas bien sérieuse. Mais il n'en va pas ainsi du Président de la République. Je ne puis faire abstraction ni de l'histoire ni de l'état de mon pays pour lui donner des institutions; je le prends, au contraire, tel que les années l'ont fait et tel qu'il restera longtemps encore. Eh bien! devant ce peuple, le fonctionnaire vraiment comptable du bien ou du mal, ce n'est point le représentant des communes, c'est à peine le Secré-d'État, c'est surtout le Président de la République. Un excès de centralisation, dont vous ne pouvez détruire les effets en un jour, a fait de lui le gardien, le protecteur naturel de tous les intérêts, publics ou privés, à ce point que la confiance naïve de la foule voit en lui le grand justicier. Pour lui, la responsabilité signifie l'exil sans terme, quand ce n'est pas la mort. Messieurs, à celui-là qui a, sinon toute la responsabilité, mais la plus grande part, laissez une somme proportionnelle de liberté. Qu'il prenne ses conseillers, ses auxiliaires là où il croit en trouver de meilleurs ; qu'il les prenne, s'il veut, parmi le Corps législatif : c'est son intérêt de n'avoir pas un Cabinet qui, pour ses tendances ou ses actes, soit antipathique aux Chambres ; mais, au nom de la morale publique, n'exigez pas de lui, en adoptant le principe qui engendre les coalitions parlementaires, n'exigez pas de lui qu'il tienne docilement l'échelle à ceux qui montent à l'escalade du pouvoir !

M. A. Firmin : Notre collègue Cauvin a parlé longuement et éloquemment. Encore que j'aie préconisé les principes du parlementarisme qui exigent impérieusement que le Ministre soit en même temps membre de l'une ou de l'autre Chambre, je ne suis pas absolument contraire à tout ce qu'il a dit ; mais je suis obligé d'intervenir, afin que notre Constitution soit une œuvre claire, précise, non susceptible d'embarrasser les pouvoirs publics dans l'exercice de leurs attributions respectives. De toutes les paroles que notre collègue a prononcées, il y a à faire cette déduction : nous sommes réunis en Assemblée Constituante, nous voulons donner au pays une Constitution libérale, un régime répupublicain. Or, il y a dans le monde politique deux espèces de systèmes républicains : les Républiques présidentielles, pour me servir des expressions de Bagehot, et les Républiques parlementaires. La première existe en Amérique, aux États-Unis ; mais le Président n'est pas nommé par les Chambres, il est élu directement par le peuple ; il ne se trouve pas dans le cas d'un Président parlementaire, élu par les Chambres. Si nous voulons avoir un système semblable, la Chambre ne deviendra plus qu'une ombre, si elle n'est pas maîtresse et souveraine. Il y a là un double danger ; mais je ne suppose pas que nous voulions en revenir au système de 1843...

Messieurs, je n'ai pas à parler de la division du travail; je m'étonne qu'on ait pu impliquer ce principe dans le sujet en discussion.

Les aptitudes intellectuelles qui distinguent un bon Député sont justement celles qui font un bon Ministre ; il a pour mission de prévoir et de proposer tout ce qui peut être utile au pays ; seulement il n'applique pas les mesures qu'il propose ; c'est le Ministre qui doit les appliquer. La seule chose qui puisse distinguer le Ministre du Député, c'est le caractère. Le Député peut être un bon tribun; mais si, devenu Ministre, il n'a pas la fermeté, s'il n'a pas le sentiment de sa responsabilité, il est capable de fléchir devant chaque orateur éloquent qui vient lui parler de liberté illimitée, de justice commutative, avec toutes les ressources de l'idéologie. Voilà le seul cas où un bon Député pourrait se transformer en mauvais Ministre. Ainsi donc, le principe de la division du travail, employé dans le sens qu'a voulu le présenter notre collègue Cauvin, doit être soigneusement écarté.

Notre collègue a aussi parlé de la séparation des pouvoirs, et il s'est fondé là-dessus pour dire qu'un Ministre ne peut être ni Député ni Sénateur. Cette théorie de la séparation des pouvoirs, si je ne me trompe, remonte à Montesquieu, qui l'a formulée par admiration de l'organisation politique de l'Angleterre. C'est une théorie éminemment française.

Eh bien! depuis que le système parlementaire existe en France, de tous les grands hommes qui ont appartenu aux Chambres françaises, aucun n'a trouvé que cette théorie empêchât un Député de devenir Ministre. Notre collègue, avec un scrupule respectable, sans doute, nous a dit que l'influence directe de la Chambre ne peut s'exercer dans le régime républicain. Nous ne le savons que trop bien. Mais voyons la contradiction :

Aux États-Unis, où le système républicain présidentiel est constitutionnellement appliqué, on n'admet pas l'interpellation. Le Président est seul responsable; bien plus, les Ministres n'ont pas même le droit de se présenter devant les Chambres pour discuter leurs projets.

Les deux Pouvoirs, Exécutif et Législatif, marchent côte à côte, en quelque sorte, sans se toucher, au point de vue théorique. Dans la pratique, le Président envoie les Ministres dans les bureaux des Chambres pour s'entendre avec les comités, et c'est ce qui sauve le reste.

Si nous voulons appliquer ce système, comme l'a proposé notre collègue Cauvin, il nous faudrait renoncer à tout ce que contient notre projet de Constitution.

Notre collègue a parlé du droit de la minorité; en effet, dans toute Chambre il y a toujours une minorité éclairée sur laquelle la majorité l'emporte toujours.

... C'est un fait brutal, mais incontestable. Pourtant nous avons déclaré que nous voulons un système démocratique dans lequel tous les citoyens soient égaux. Alors, ne sont-ils pas censés avoir la même dose d'instruction?... Quand je prends la parole ici, je sais que j'ai pour devoir de le faire; mais je n'en sais pas moins que si parmi les quatre-vingt-dix législateurs présents dans cette enceinte, il y en a beaucoup qui sont non pas moins intelligents, mais peut-être moins éclairés que moi, cette foule représente, jusqu'à preuve du contraire, le *Droit* et la *Raison*.

Peut-être que notre collègue Cauvin est autorisé à trouver que tout le monde a tort; mais nous, qui sommes des moutons de Panurge, nous devons suivre la marche de tout le monde. Notre collègue Cauvin a parlé du Gouvernement de Juillet, il a parlé de l'immoralité qui aurait existé dans le système parlementaire de ce Gouvernement. Il a voulu faire allusion à la lutte qui a existé entre MM. Thiers et Guizot.

Thiers représentait, au plus haut degré, tous les dons de l'éloquence primesautière, aidé d'une belle intelligence, qualités qui sont réunies aussi chez mon collègue Cauvin; tandis que Guizot, homme d'étude, n'avait en vue que la *raison*. Quand Thiers se levait et faisait de belles phrases, Guizot arrivait qui déduisait méthodiquement, appuyé sur l'autorité des gros volumes qui sont le compendium de l'esprit humain, et, de raisonnement en raisonnement, finissait par l'emporter. Voilà qui est bon à noter.

On a parlé de la coalition immorale contre un grand homme d'État anglais.

Au commencement de ce siècle, ou plutôt dès la fin du XVIIe siècle, il y a eu une lutte titanique entre l'ancien et le nouveau régime.

En face de la Révolution française, Pitt soutenait l'ancien régime, en se plaçant au point de vue de l'égoïsme national. Fox, Sheridan et d'autres se laissèrent gagner par la générosité des idées nouvelles manifestées par la Révolution. Qu'y a-t-il là de tellement immoral que nous en trouvions un motif d'écarter le parlementarisme?

Partout où le système parlementaire a été appliqué,

ç'a été l'occasion de grandes luttes oratoires, mais cela n'a rien amené de mal aux peuples.

Messieurs, quand je vous parle ici, je suis sûr que vous n'avez pas en vue un conseiller du Gouvernement ; quand je vous parle, c'est plus souvent dans un sens très libéral, encore que raisonnable; tandis que ceux qui parlent contre moi vous le font souvent dans un sens autoritaire, peut-être sans y penser.

Mon collègue Léger ne vous a-t-il pas dit, par exemple, que le Président est le grand justicier, c'est-à-dire qu'il doit avoir un pouvoir absolu, si nous voulons donner aux mots leur vraie valeur?

Arrivé sur ce terrain où mon collègue et moi nous nous rencontrons et nous croisons même en sens inverse, je vous dirai un seul mot : Si vous votez le système républicain présidentiel, songez que les Chambres n'auront pas le droit d'imposer un Ministère au Président et ne jouiront du droit d'interpeller que pour s'éclairer sur la situation de l'État et s'enquérir des faits et gestes politiques du Gouvernement. Ce ne sera pas pour diriger sa marche, puisque, seul, le Président est responsable (je veux parler de la responsabilité politique et générale) et que c'est sur lui seul que le peuple a les yeux fixés. Acceptez, si vous le voulez, le système républicain présidentiel, mais, aussi, acceptez-en les conséquences!

Si nous retirons de la Constitution le principe de la compatibilité des fontions de Député ou de Sénateur avec celle de Ministre, cela voudra simplement dire que les Chambres n'auront pas le droit d'imposer au Gouvernement un Ministre.

En ce sens seul, notre vote sera conséqnent et non

susceptible d'embarrasser le jeu des relations constitutionnelles des pouvoirs publics.

M. Léger Cauvin : Je demande la parole.

L'Assemblée peut être sûre que je ne mettrai pas sa bienveillance pour moi à l'épreuve d'un long discours.

Quand j'ai vu notre collègue Anténor, qui se charge ordinairement de me faire échec, se lever pour me répondre, je m'attendais à une réfutation directe et péremptoire de tout ce que j'avais dit contre l'article du projet; mais, après l'avoir patiemment écouté jusqu'au bout, j'ai cette impression, qui doit être aussi la vôtre, qu'il a plutôt éludé que résolu le problème.

Que sont devenus les Ministres-Résidents et la faculté qu'on leur voulait accorder de rester membres de la Chambre des Députés? Il n'en est plus question, et vous voyez bien qu'ils étaient là, comme je vous le disais tout à l'heure, seulement pour le nombre. Ne nous en occupons pas davantage et passons à la véritable question litigieuse.

J'ai dit que l'opinion générale, dégoûtée de l'expérience qui vient d'être faite sous le Gouvernement de Salomon, s'est prononcée, d'une manière à ne pas laisser de doute, contre les Députés Secrétaires d'État, et qu'il ne nous appartient pas de les relever de cette condamnation. Cela est-il vrai ou non? Un pareil argument vaut bien qu'on s'arrête à le repousser; mais peut-être le gros *Dictionnaire de la Politique*, de Block, sans l'assistance duquel on ne vient jamais ici prendre part à la moindre discussion, ne contient-il rien à ce propos, et il n'a pas été possible au préopinant de se tirer d'affaire.

J'ai posé ce dilemme : ou vous admettez le Député-

Ministre à cumuler l'exercice des deux fonctions et vous aurez, je ne dis pas cette monstruosité, mais du moins cette anomalie possible d'un fonctionnaire qui vient de parler aux représentants des Communes au nom du Gouvernement, dont il est le Ministre, et qui se mêlera ensuite à leurs rangs pour voter avec eux sur la question qu'il vient de leur proposer, ou vous défendrez, avec M. Delbeau, qu'il ait voix délibérative à la Chambre, et sa commune cessera donc, pour un temps, d'être représentée. J'ai attendu la réponse; elle n'est pas venue.

« Chaque pouvoir est indépendant des deux autres dans ses attributions qu'il exerce séparément.» Tel est notre article 35. De là, je conclus que, à moins d'exception formelle à cette règle, les membres du Corps législatif ne peuvent en même temps exercer les fonctions du ministère. Qu'importe que Montesquieu ne l'ait jamais dit? Qu'importe que tous les grands hommes qui ont appartenu aux Chambres françaises ne s'en soient jamais expliqués, si cela est en réalité? En effet, que les pouvoirs soient indépendants, qu'ils soient séparés, qu'ils ne se confondent point : voilà la règle! Mais il y a deux manières d'être pour cette confusion que vous prohibez : elle serait totale, si les attributions exécutives et législatives, par exemple, étaient accumulées sur la même tête; elle serait partielle, et n'en existerait pas moins cependant, si l'un des pouvoirs participait aux prérogatives de l'autre. N'est-il pas clair que, quand vous adopteriez le système qui, suivant le mot du préopinant, exige impérieusement que le Secrétaire d'État soit en même temps membre de l'une ou l'autre Chambre, ce serait la majorité de l'une d'elles qui, forçant le Cabinet à la retraite, donnerait ses chefs pour coopérateurs au Président de la République? D'où une double conséquence : d'abord, cette majorité participerait à la prérogative présidentielle de nommer les Ministres ; ensuite, elle exercerait par ceux des siens qu'elle aurait, le mot est de notre collègue Firmin, *imposés* au Chef de l'État ; elle exercerait les attributions exécutives du Ministère. Voilà donc deux pouvoirs dont l'un ne serait pas resté dans son domaine propre, empiétant sur le terrain de l'autre. Qu'est-ce donc sinon une dérogation au principe général de la séparation?

Sans doute, lorsque nous posons une règle, nous avons bien le droit de soustraire à son empire quelques cas particuliers ; mais nous devons savoir ce que nous voulons et pourquoi nous le voulons. Pourquoi, je vous le répète, irions-nous, à propos des hautes charges de l'État, déroger au principe du non-cumul?

Toute la réponse a consisté à donner mon système pour une chose étrange et que personne avant moi n'avait rêvée. Inutile de vous rappeler les précédents de notre droit constitutionnel, qui, en général, excluaient de la Chambre quiconque parmi ses membres acceptait des fonctions exécutives. La Constitution française de 1791 contenait une règle plus énergique : elle défendait de passer du Corps législatif au ministère, et vous savez sur ce point ce qui se fait aux États-Unis d'Amérique.

Mais ce n'est point assurément le système des Etats-Unis d'Amérique que je vous propose d'adopter. Je proclame, au contraire, qu'il y a un vice radical, que tôt ou tard il faut qu'il soit corrigé. C'est qu'il supprime le vrai moyen pour les mandataires du peuple de surveiller l'exécution des lois, de contrôler la marche des affaires : c'est-à-dire le droit d'interpellation. Rétablissez ce droit, et les deux grands pouvoirs de l'Etat cesseront de cheminer côte à côte, sans pouvoir se toucher ; ils resteront, il est vrai, chacun à sa tâche, mais ils marcheront de concert, l'un ordonnant, l'autre exécutant fidèlement, vers le but pour lequel la société les a créés.

Ne craignez pas, quoi qu'on vous en dise, que ce droit d'interpellation ne devienne un simple moyen de s'éclairer sur la situation de l'Etat et s'enquérir des faits et gestes du Gouvernement. Non, non. Il a une portée plus grande : lorsqu'il s'exerce effectivement, il permet à la Chambre, *non seulement* de connaître *les actes* du Ministère, mais encore *d'en exprimer son avis*, afin d'empêcher la récidive. Il a, en outre, ce que vous me permettrez d'appeler un effet préventif : c'est que la crainte d'une interpellation détournera souvent d'actes qu'on ne pourrait sans honte avoir à exposer au public.

Ce n'est pas là *le seul mode d'influence indirecte* que nous réserverions au Parlement. Qu'est-ce que vous faites *du refus* de voter l'impôt, le budget, le contingent militaire ? Que faites-vous *de l'ajournement* de toutes les propositions du Pouvoir Exécutif, jusqu'à ce que le Parlement *ait obtenu les satisfactions* que le droit d'interpellation *lui permet de réclamer ?* Et le droit d'accusation, l'avez-vous oublié ?

Voilà, ce me semble, des moyens assez énergiques de faire triompher la volonté du Parlement, pour que nous soyons dispensés de mettre les fonctions exécutives à la disposition des Parlementaires.

Messieurs, en parlant des coalitions, je ne croyais pas offrir au préopinant l'occasion de se comparer tout modestement à Guizot. Il me permettra de lui demander s'il croit que l'intérêt public a été le seul mobile de toutes ces querelles parlementaires, où tant de noms célèbres se sont compromis. C'est un mal à déplorer que ces jeux de majorité qui renversent un Cabinet au profit de quelques puissantes individualités, sauf à les précipiter bientôt du pouvoir, sans plus de raisons, sans plus de justice, au profit d'autres qui ont surgi ou sont remontées à la surface de la Chambre.

A cela, il y a un remède. Que la Constitution mette à l'épreuve la sincérité des ambitions, en disant aux membres du Corps législatif : « Quand vous aurez condamné la politique et la conduite d'un Ministère, libre à vous de prendre sa place ! C'est peut-être votre droit d'être appelé au pouvoir pour faire l'application de votre programme, mais que ce soit à vos risques et périls ; soyez Ministres, mais cessez d'être Députés !

Mérité-je le reproche d'être plus autoritaire que je ne pense? C'est à vous d'en juger. Il y a peu de jours, je plaidais, à propos du Jury, la cause des libertés publiques, et voilà, me dit-on, que je me fais le champion des prérogatives du Pouvoir Exécutif. Messieurs, ce que je veux, laissez-moi vous le dire, cette fois pour toutes : c'est la conciliation de l'ordre avec la liberté.

M. A. Firmin : Je réponds à mon collègue Cauvin que je ne suis pas absolument contre lui ; il avait développé des idées que j'avais à cœur de rectifier. Voilà tout. Je demande à la Constituante que, si nous acceptons l'incompatibilité des fonctions parlementaires avec les fonctions législatives, il soit entendu que dorénavant les Chambres ne pourront plus avoir la prétention d'imposer un Ministre au Gouvernement. Le vote aura donc sa signification et, toutes les fois qu'un conflit se produira à l'avenir entre le Cabinet et les Chambres, on pourra se référer à notre discussion d'aujourd'hui.

Mis aux voix, le sous-amendement Delbeau est rejeté et par conséquent la proposition Labossière, appuyée par M. L. Cauvin et les explications de M. Firmin, est votée dans le sens des discussions.

. . . .

. . . .

. . . .

. . . .

. . . .

EXTRAITS DE JOURNAUX

OPINIONS

SUR LE CABINET DU 17 DÉCEMBRE

Extrait du journal *l'Impartial* du 17 décembre 1896 :

Un homme qu'on dit être un *papa-loi* aurait été trouvé sur la propriété d'un commandant militaire, *candidat au Ministère ;* ce *papa-loi* aurait été pris, interrogé par le *futur Ministre* et... *fusillé sommairement,* sans autre forme de procès.

Tel est le bruit qui court à Port-au-Prince depuis samedi dernier. On ajoute que ce fait se serait passé à Aquin et que le commandant militaire serait un *ancien législateur*.

Est-ce vrai ? ou n'est-ce qu'une propagande intéressée pour empêcher le général d'arriver au Ministère ?

Nous désirons être renseigné.

Extraits du journal *la Morale publique* :

20 janvier 1897. — Il y a eu, en effet, des manifestations sympathiques, et nous sommes convaincu que le Général Sam a obéi à cette pensée de conciliation en formant son Cabinet; *mais ces manifestations sympathiques ne se sont pas étendues jusqu'à M. J.-J. Chancy, conservé malheureusement au Département de l'Instruction publique.* Il tranche visiblement sur ses autres collègues qu'on a eux-mêmes accueillis avec joie et, pour la plupart, avec frénésie. *Les principes* de M. Chancy sont loin d'être en *harmonie avec ceux que le peuple veut consacrer,* avec la réalisation de ses rêves. Son maintien, — et pourquoi ne pas le dire catégoriquement? — a donné lieu à des mécontentements sans nombre que le bon peuple se garde de manifester trop ouvertement.

La présence de M. Chancy à côté de ses autres collègues *a jeté un discrédit sur eux,* et on est allé même jusqu'à *flétrir le Cabinet du mot replâtrage.*

*
* *

29 janvier 1897. — L'incapacité et l'immoralité reconnue de certains fonctionnaires continueront-elles à leur servir de titre?

S'il doit en être malheureusement ainsi, nous doutons fort que les combinaisons et les idées que l'on promet de faire valoir puissent procurer les avantages que l'on compte en tirer.

Pour l'application des idées saines, il faut des hommes *compétents et honnêtes.*

5 février 1897. — Nous avons appris que les Départements ministériels ont été invités par le Président de la République à entamer la réforme en remerciant tous les employés surnuméraires et extra-budgétaires. On nous dit même que le Ministère de l'Instruction publique s'est déjà mis à l'œuvre. *Quel surprenant empressement!* C'est très bien, mais nous formons le vœu que toutes les mesures prises à cet effet soient productives et salutaires à la République.

*
* *

15 février 1897. — Pourtant, on avait osé espérer qu'avec le nouveau Cabinet la *confiance renaîtrait* et l'ordre se *rétablirait* dans les affaires. Mais, chose étonnante, le changement n'a produit qu'*un effet contradictoire* à celui qu'on attendait; il y a donc une cause à cet état de choses. Cette cause, si l'on veut bien la chercher, se trouve dans *l'hésitation apportée dans l'exécution du programme*. Supprimez cette cause et les effets cesseront.

*
* *

17 mars 1897. — Quant à la réforme des choses, *elle est absolument incomprise,* particulièrement dans l'Instruction publique, où les FUSIONS et les CONFUSIONS les plus désorganisatrices tiennent la plus grande partie.

Il est vraiment déplorable que ce soit toujours M. Chancy *qui dirige le Département* de l'Instruction publique; il serait si bien à sa place *dans un potager*, car la culture *des choux* est si facile!

19 mars 1897. — On avait tout d'abord cru à *une réforme générale et des choses et des gens*. Mais, jusqu'ici, il n'en a pas été ainsi. Seuls, quelques fonctionnaires *mal cotés* ont eu la douleur d'apprendre leur révocation, et *quelques gens plus mal cotés encore* ont eu le bonheur de les remplacer. Toutefois, les abus continuent toujours, et les réformes, *les vraies*, sont attendues encore, sans que personne puisse dire que le Gouvernement *étudie aucun projet sérieux pour y parvenir*.

*
* *

26 mars 1897. — Étant donc de ceux qui mettent à nu *la conduite plus qu'ignoble de M. Chancy*, nous avons compris que cet article fait sur commande et payé avec *l'argent du peuple, assurément*, nous visait.

*
* *

16 avril 1897. — Nous croyions que l'action publique allait être mise en mouvement et qu'on *tracerait un exemple salutaire* au bureau central de la Police. Mais nos légitimes espérances se sont heurtées contre *l'inertie et l'indifférence* du Secrétaire d'État de l'Intérieur, ainsi que contre *l'extrême insouciance* que le Secrétaire d'État de la Justice et le *Parquet mettent à exécuter lès lois*.

*
* *

Extrait du supplément du journal *le Courrier des Antilles*, n° 21, du 2 juin 1897 :

Quoi qu'il en soit, attendons. Nous sommes curieux d'entendre les explications ds M. Douyon au sujet de *ces ordonnancements*, selon nous, *injustifiables*.

RESPONSABILITÉ MINISTÉRIELLE (1)

(OPINION DE M. A. THOBY)

La République démocratique n'est parlementaire qu'à la condition d'admettre l'irresponsabilité présidentielle.

Elle ne l'admet pas d'une façon aussi entière que la Monarchie. Elle y introduit certaines réserves constitutionnelles qui n'ont d'autre but que d'affirmer le principe républicain. Ces réserves après tout ne sont pas de conséquence dans la pratique.

L'irresponsabilité est un principe commun à toutes les Monarchies, absolues ou parlementaires. Elle ne sert pas à marquer les différences profondes qui les séparent : elle ne saurait être le trait le plus accusé, le signe caractéristique du parlementarisme. Le Tsar, le grand Sultan et l'Empereur d'Allemagne sont aussi irresponsables que la Reine d'Angleterre, le Roi des Belges et le Roi d'Italie.

Au contraire, la responsabilité ministérielle (la responsabilité politique des Ministres devant le Parlement) n'est attachée qu'aux conseillers officiels des Chefs d'État parlementaires ; elle est donc le principe distinctif et constitutif du parlementarisme.

De la responsabilité ministérielle découle la question de cabinet.

Le Chef de l'État est la plus haute personnification

---

(1) *In* Questions à l'ordre du jour :
1° De l'élection présidentielle;
2° De la durée et du renouvellement de la charge du Président d'Haïti :
3° Responsabilité et irresponsabilité du Président d'Haïti ;
4° *Responsabilité ministérielle.*

Par A. THOBY.

du Pouvoir Exécutif, le générateur officiel des Ministres, mais le Parlement est de moitié dans la conception d'un cabinet parlementaire. Le Chef de l'État ne pense et n'agit au dehors que par ses Ministres qui le représentent devant le Parlement et qui représentent le Parlement devant lui. En vertu de cette double représentation, les Ministres peuvent être en désaccord avec l'un tout aussi bien qu'avec l'autre.

Opinions, mesures, lois d'une grande importance politique, bills d'indemnité pour des actes extra-légaux ou extra-budgétaires, vote du budget : autant d'occasions où les Ministres sont amenés, au Palais législatif comme au Palais présidentiel, à poser la question de cabinet.

Au Palais Législatif, la question de cabinet est le plus souvent résolue ou tranchée par ces mots sacrementels : « Nous n'avons pas confiance en vous. »

A l'expression près, le Chef de l'État est aussi apte que le Parlement à donner des votes de non-confiance, en ce sens que les Ministres proposent et qu'il n'agrée pas telle mesure, telle opinion qui, selon lui bonne ou mauvaise, serait pour le moment contraire à l'opinion générale et aux tendances du peuple dont il dirige les destinées.

Qui, du Chef de l'État ou de son Conseil, s'est trompé ? — Le Parlement, et, en dernier ressort, le Peuple le dira.

Tout de même, quand le Chef de l'État se sépare de ses Ministres, il y met des manières plus polies et un ton moins cavalier que le Parlement. Différence dans la forme et non dans le fond des choses.

Soyons de bon compte et ne demandons pas à une Assemblée de se mouvoir comme un homme. Elle est nombreuse : elle sera facilement tumultueuse. Elle écoute des discours : elle sera jetée hors d'elle-même et de ses mesures.

Le Chef de l'État, du fond de son cabinet et dans le calme de la méditation solitaire, prend silencieusement une décision : il *remercie* ses Ministres. La Presse indiscrète sera son truchement et dira le pourquoi du changement de cabinet.

Les orateurs du Parlement ont besoin de convaincre et d'entraîner la majorité. Ils parlent très haut, à la dassion et à la raison, à l'esprit et au cœur. Sont-ils injustes et violents, ils ne se doutent même pas qu'ils soient exagérés, ils ne souffrent pas qu'on le leur dise : ils ont une bonne foi indignée, soupçonneuse à l'excès, qui se croit sans faiblesse parce qu'elle est sans entrailles, et qui veut accuser et juger sommairement, souverainement ! — Quoi d'étonnant que la tribune devienne alors la fournaise de Vulcain et que la parole, vite comme l'éclair, éclate comme la foudre qui fracasse et terrifie ! Du Parlement embrasé plutôt qu'éclairé un bruit de tonnerre chasse les Ministres : ils ont reçu un vote de non-confiance !

Quelque passionné que soit ce vote, et précisément parce qu'il peut être passionné, il faut éviter avec soin que la pensée et les termes n'en soient empruntés aux cours d'assises criminelles. *L'antipatriotisme* n'y doit pas figurer comme un équivalent moral de la peine du carcan, si bien que le Parlement ait l'air d'avoir frappé les Ministres de la dégradation civique.

Seul, un jugement a cette puissance, mais le Droit Constitutionnel veut que l'Assemblée qui accuse ne soit pas l'Assemblée qui juge et prononce l'arrêt. Selon la

Constitution de 1867, le Sénat est le tribunal politique devant lequel comparaissent les Ministres.

Le vote de non-confiance perd son vrai caractère s'il entache l'honneur et la moralité des Ministres.

Mieux que le jugement, il assure l'intervention incessante des mandataires du Peuple dans les affaires du Peuple, le contrôle vigilant de l'opinion publique sur les actes du Pouvoir Exécutif, enfin le Gouvernement du Pays par le Pays.

Contrairement au jugement, il exprime une simple divergence d'opinions, ni plus ni moins.

Une incapacité notoire, ou une négligence coupable, qui aurait mis en péril les plus grands intérêts de l'État encourrait aussi un vote de non-confiance, mais il se dissimulerait presque toujours sous la forme courtoise d'un conflit de principes à vider entre gens bien élevés.

Quand les Conseillers du Président d'Haïti résignent le pouvoir de leur plein gré ou au gré du Parlement, c'est peu qu'ils aient légalement conservé tous leurs droits politiques, il importe que moralement ils soient toujours à même de servir leur pays, soit comme législateurs siégeant au banc de la minorité, soit comme membres de l'Exécutif, dès que la majorité leur revient.

Donc, qu'on ne fasse pas du vote de non-confiance une peine infamante contre des crimes ou des délits politiques.

Néanmoins, il arrive quelquefois que des Ministres, sous le manteau de la Constitution et des lois, se livrent à des actes libercitides, assez ouvertement pour soulever l'indignation publique, assez habilement pour échapper au jugement politique du Sénat. Une majorité parlementaire, faute de preuves probantes, ne les mettra pas en état d'accusation ; elle usera contre eux du vote de non-confiance. Alors les débats seront animés, les discours virulents : ils refléteront l'irritation des esprits. Quant au vote, il aura, en fait et par la nature des actes qui l'auront provoqué, tout le caractère d'une flétrissure politique, mais il doit être rédigé comme s'il n'était question que d'une simple divergence d'opinions. Car, du moment que l'on a renoncé à l'accusation, on n'est pas fondé à en transporter les motifs ni le langage dans une résolution parlementaire qui a été imaginée à d'autres fins et qu'on a employée dans la circonstance comme un pis aller.

A la vérité, le cas que nous venons d'envisager constituera une exception. En Haïti, les grands criminels d'État ne vont pas de main morte ni ne s'arrêtent à mi-chemin dans la perpétration des attentats. Contre eux, les preuves surabonderont et le jugement politique sera de rigueur.

Malheureusement, entre leurs succès et leurs revers, il y a eu jusqu'ici assez de place et de temps pour le renversement des institutions et des Assemblées. Et c'est à une Révolution qu'est toujours dévolue la tâche de venger la morale et le droit.

Mais dans ce cas-ci, ce n'est plus la responsabilité politique devant le Parlement, c'est la responsabilité pénale ou judiciaire des Ministres qui serait en jeu. En fait, rien n'est plus commun que de voir alors décréter les Ministres d'accusation, rien n'est plus rare que leur jugement, en tant que Ministres et pour des crimes ministériels. Dans tout le cours de notre existence politique, nous n'avons pas un seul exemple de procès politique intenté à un Ministre ou à un Ministère selon les formes de procédure édictées par nos Constitutions et par nos lois. Nos jugements politiques, ce sont les jugements sommaires des révolutions. Comme pour le vote de non-confiance, nos passions aveugles, plus altérées de vengeance que de justice, impatientes de se satisfaire, n'ont pas le loisir d'être procédurières. En un rien de temps, d'un seul mot, d'un seul coup, elles abattent ou proscrivent des têtes. Et la peine, quand ce n'est pas la mort, quand c'est l'ostracisme, dure ce que dure la puissance ou la colère du parti triomphant.

Jusqu'à ce que nos mœurs politiques puissent se modifier, et il n'y a que la pratique du régime constitutionnel qui les modifiera, les attaques du Parlement, même dans les temps réguliers, ne seront dirigées que contre les Ministres en fonctions et que sous la forme de votes de non-confiance. Et ce sont les plus fiers, les plus puissants d'entre ces hommes politiques qui seront surtout visés. Se rendent-ils coupables, non d'un de ces crimes entraînant une peine afflictive et infamante, mais d'un de ces délits passibles seulement de la peine politique prononcée par le Sénat, plus la Chambre des Représentants sera ardente à frapper, moins elle tirera de son arsenal l'arme redoutable de la mise en accusation. S'engager dans une procédure pour si peu de chose : la destitution et la privation du droit d'exercer toute fonction pendant un an au moins et cinq au plus. Interroger, informer et dépendre encore du Sénat pour le verdict? Mieux vaut qu'elle lance un vote de non-confiance : c'est une arme qui ne tue pas, mais qui ne rate pas et atteint toujours le but.

En définitive, peu ou point de jugements politiques, beaucoup de votes de non-confiance, nos Assemblées politiques, de longtemps encore, ne joueront d'autre rôle, n'offriront d'autre spectable.

Le vote de non-confiance, dans l'ordre d'idées où il s'exerce, fait de chaque Chambre séparément une puissance absolue et indiscutable devant laquelle s'abaissent les regards et plie la volonté du Pouvoir Exécutif. Ce ne sera pas quelquefois sans dommage pour la chose publique. Et le dommage sera d'autant plus grand qu'un mauvais vote aura été le résultat non d'une erreur, mais d'un calcul. Mais, quand il s'agit de juger la prépotence législative, ni optimiste, ni pessimiste ne soyons. On va jusqu'à dénoncer le vote de non-confiance comme un instrument de tyrannie parlementaire. C'est tout simplement un bon instrument dont les Assemblées peuvent abuser. A un tel jeu, elles perdront vite leur prestige. Considérons cependant la conséquence extrême de la tyrannie parlementaire : des Secrétaires d'État nécessaires au Président d'Haïti et à la bonne marche des affaires sont injustement frappés d'un vote. Contre un tel abus, le Pouvoir Exécutif, n'étant pas armé du droit de dissolution, n'a pas la ressource de l'appel au Peuple, et des Ministres, trop fiers pour en appeler de Philippe à Philippe, assez honnêtes pour ne pas conseiller un coup d'État, résigneront leurs portefeuilles.

Le vote de non-confiance soulève une autre objection. Il n'est écrit nulle part. Est-il conforme, disent quelques-uns, à l'esprit et à la lettre de la Constitution?

Deux points sont maintenant très nettement posés.

Sans vote de non-confiance, pas de Ministres politiquement responsables devant le Parlement.

Sans la responsabilité politique des Ministres devant le Parlement, pas de gouvernement parlementaire.

Nous réfuterons l'objection si nous prouvons que la

responsabilité politique des Ministres devant le Parlement est dans la Constitution.

L'article 132 de la Constitution de 1867 est ainsi conçu :

« Les Secrétaires d'État sont respectivement respon-
« sables tant des actes du Président qu'ils contresignent
« que de ceux de leur Département, ainsi que de l'in-
« exécution des lois. En aucun cas, l'ordre verbal ou
« écrit du Président ne peut soustraire un Secrétaire
« d'État à la responsabilité. » (1)

Ici la responsabilité des Ministres est posée d'une façon générale. C'est dans d'autres articles que les distinctions, les catégories apparaissent et que l'on trouve :

1° La responsabilité que Rossi appelle la responsabilité pénale, d'autres la responsabilité criminelle ou judiciaire, et qui s'attache aux actes d'un caractère délictueux, aux plus grands crimes comme aux plus simples délits ;

2° La responsabilité que nous avons appelée la responsabilité politique devant le Parlement, et qui s'attache à tous les actes où il n'y a ni crime ni délit : idées, opinions, systèmes, mesures politiques.

La responsabilité pénale est définie par l'article 133, ainsi conçu :

« La Chambre des Représentants accuse les Secré-
« taires d'État et les traduit devant le Sénat, en cas de
« malversation, de trahison, d'abus et d'excès de pou-
« voir et de tout autre crime ou délit commis dans l'exer-
« cice de leurs fonctions.

---

(1) L'article 118 de la Constitution en vigueur porte les mêmes termes et établit les mêmes responsabilités.

(*Note de l'auteur*).

« Le Sénat ne peut prononcer d'autres peines que « celles de la destitution et de la privation du droit « d'exercer toute fonction publique pendant un an au « moins et cinq ans au plus.

« S'il y a lieu à appliquer d'autres peines et à statuer « sur l'exercice de l'action civile, il y sera procédé « devant les tribunaux ordinaires, soit sur l'accusation « admise par la Chambre des Communes, soit sur la « poursuite des parties lésées.» (1)

La responsabilité pénale, la peine à y appliquer par le Sénat, la procédure à suivre, on les a tirés presque textuellement de la Constitution des États-Unis où il n'existe ni question de Cabinet ni vote de non-confiance.

La responsabilité politique devant le Parlement se déduit des articles 118, 119, 129, 131, 82 (2e paragraphe), 89 (3e paragraphe) et 113. Essayons-en quelques commentaires.

---

(1) Les articles 123 et 133 de la Constitution, dans leurs quatrièmes paragraphes, disent que la mise en accusation et la déclaration de culpabilité ne pourront être prononcées respectivement dans chaque Chambre qu'à la majorité des deux tiers des suffrages, quand il s'agit du Président d'Haïti, et qu'à la majorité absolue quand il s'agit des Secrétaires d'Etat.

Cette distinction n'est pas rationnelle. Etant donné le rôle parlementaire, par conséquent très actif, des Secrétaires d'Etat, les passions politiques seront plus fortement, tout au moins aussi fortement déchaînés contre eux que contre le Président d'Haïti. Les Secrétaires d'Etat peuvent, à tout instant, perdre le pouvoir par le vote de non-confiance, et ce vote, nous avons déjà dit qu'on le préférera le plus souvent à la mise en accusation, ce vote peut être obtenu par un parti qui ne l'emporterait sur un autre que d'une voix. Si donc le parti vainqueur, abusant de sa victoire, voulait recourir au jugement politique contre les Secrétaires d'Etat pour les priver, durant cinq ans, de leurs droits politiques, ne conviendrait-il pas qu'une telle sentence ne fût prononcée qu'à la majorité des deux tiers des suffrages ? La Chambre des Représentants est élue pour trois ans, deux tiers du Sénat sont renouvelés dans quatre ans; le parti qui a condamné les Secrétaires d'Etat peut perdre la majorité parlementaire que peut acquérir le parti qui avait voulu les absoudre, et voici des hommes d'Etat, qui ne sont pas

« Art. 118. — Toutes les mesures que prend le Pré-
« sident sont préalablement délibérées en Conseil des
« Secrétaires d'État. » (Art. 104. — Const. 1889.)

Du principe que toute mesure est délibérée en Conseil, le Président d'Haïti n'a pas d'opinion personnelle devant le Corps législatif. Il se confond et se perd dans le Conseil des Secrétaires d'État qui forme avec lui le Pouvoir Exécutif. Il a le devoir constitutionnel de penser avec et par le Conseil, de se munir de ce répondant parlementaire qui n'aurait plus de raison d'être, en tant que répondant, s'il ne portait la responsabilité politique d'une opinion ou d'une mesure.

Le Président des États-Unis peut requérir l'opinion écrite du principal fonctionnaire dans chacun des Départements exécutifs (Constitution des États-Unis, article 2, section 2). C'est une faculté, ce n'est pas un devoir. Aussi le Président des États-Unis ne convoque-t-il pas

---

peut-être des hommes ordinaires, incapables d'être Sénateurs, Députés, Ministres, juste au moment où leurs opinions triomphent avec leur parti.

Le législateur-constituant n'a pas prévu un cas qu'il faut pourtant prévoir. Supposons que le Président d'Haïti soit sous le coup de la même prévention que ses Secrétaires d'Etat. La mise en accusation est prononcée à la majorité absolue des suffrages. Le Président d'Haïti est absous, puisqu'i faut une majorité de deux tiers pour sa mise en accusation et les Secrétaires d'Etat sont condamnés. Une telle solution froisse la justice, la raison, le bon sens.

Que la majorité des deux tiers soit exigée pour prononcer la mise en accusation et la déclaration de culpabilité d'un Président d'Haïti, c'est bien, car la déchéance d'un chef d'Etat est une chose grave qui ne doit être décidée qu'à une très forte majorité; mais la même majorité des deux tiers est exigible pour les Secrétaires d'Etat, car ils peuvent perdre le pouvoir par un vote de non-confiance, et il importe de les protéger contre un parti passionné et intolérant qui incriminerait leur conduite pour n'atteindre que leurs opinions par le jugement politique.

régulièrement de Conseil des Ministres. Les plus grandes mesures politiques ne sont pas, préalablement à leur exécution, forcément délibérées en commun. Le Président des États-Unis prend quelquefois l'avis des *Chefs des Départements exécutifs* (c'est le titre des Ministres), mais il n'est pas tenu de le suivre, et la Constitution, pas plus que l'opinion, n'impose à ses Ministres le devoir de donner leur démission sur une divergence d'opinions politiques. La responsabilité politique n'existe pas pour eux.

« Art. 119. — Aucun acte du Président, autre que l'arrêté portant nomination ou révocation des Secrétaires d'État. ne peut avoir d'effet s'il n'est contresigné d'un Secrétaire d'État qui, par cela seul, s'en rend responsable avec lui. » (Art. 105. — Const. 1889.)

Du principe que tout acte sans contre-seing ministériel ne peut avoir d'effet, le Président d'Haïti est légalement impuissant sans le Conseil des Secrétaires d'État.

Le Président des États-Unis, étant seul politiquement responsable devant le Congrès, transmet des ordres aux Chefs des Départements exécutifs. Les deux proclamations de l'honnête Abraham Lincoln, relatives à l'émancipation des esclaves (22 septembre 1862 et 1er janvier 1863), n'ont pas été délibérées en Conseil. Selon M. de Chambrun, le Président des États-Unis les communiqua simplement à ses Ministres.

« Art. 129. — Les Secrétaires d'État se forment en Conseil sous la présidence du Président d'Haïti ou de l'un d'eux, délégué par le Président. »

Du principe que toutes les mesures sont délibérées en Conseil résulte l'obligation de la formation du Conseil. Cet article est presque inutile, étant une conséquence logique de l'article 118. La répétition prouve la préoccupation du Législateur-Constituant pour affirmer de plus en plus le rôle politique des Ministres.

« Art. 82 (2e paragraphe). — L'initiative (des lois) appartient à chacune des deux Chambres et au Pouvoir Exécutif.

« Art. 89 (3e paragraphe). — Les organes du Pouvoir Eéxcutif ont la faculté de proposer des amendements aux projets de loi qui se discutent, même de l'initiative des Chambres. » (Art. 69 et 76. — Const. 1889.)

Du principe que le Pouvoir Exécutif a l'initiative des lois, les Secrétaires d'État ont leur entrée dans les Chambres, d'une part, pour soutenir les projets de loi et les objections du Pouvoir Exécutif; d'autre part, pour combattre les projets de loi et propositions quelconques de l'initiative des Chambres.

Le Président des États-Uuis n'a pas l'initiative des lois. Les Chefs des Départements exécutifs n'ont pas leur entrée dans les Chambres : donc, pas de discussion de projet de loi, pas d'interpellations, pas de question de cabinet, pas de vote de non-confiance.

« Art. 131. — Les Secrétaires d'État ont leur entrée dans chacune des deux Chambres pour soutenir les projets de loi et les objections du Pouvoir exécutif.

« Les Chambres peuvent requérir la présence des Secrétaires d'État et les interpeller sur tous les faits de leur administration. Les Secrétaires d'État interpellés sont tenus de s'expliquer. » (Art. 117. — Const. 1889.)

Du principe que les Secrétaires d'État ont leur entrée dans les Chambres, ils peuvent, à l'occasion des projets de loi et des objections ou du Pouvoir Exécutif, ou des Chambres, poser la question de Cabinet et, par conséquent, se démettre sur un vote défavorable.

Du principe *qu'ils peuvent être interpellés* et *qu'ils sont tenus de s'expliquer*, l'Assemblée *a le droit* de déclarer, par un ordre du jour *simple ou motivé*, les explications *satisfaisantes* ou *non satisfaisantes :* d'où la question de Cabinet, *le maintien* ou *la retraite* des Ministres.

Notez qu'il est interdit au Président d'Haïti de descendre dans l'arène parlementaire, de se mêler aux débats législatifs. Sa personne est couverte par ses Ministres, car, dit le 2e paragraphe de l'article 132 :

« En aucun cas, l'ordre verbal ou écrit du Président d'Haïti ne peut soustraire un Secrétaire d'État à la responsabilité. » (Art. 118. — Const. 1889.)

« Art. 113. — Le Président d'Haïti nomme et révoque les Secrétaires d'État. » (Art. 98. — Const. 1889.)

Du principe qu'aucune des deux Chambres n'intervient dans la nomination des fonctionnaires publics qui relèvent du Pouvoir Exécutif d'un Gouvernement (essentiellement démocratique et représentatif (1) [article 42], le vote de non-confiance se présente comme un moyen indirect mis aux mains des membres du Corps Législatif (qui représentent la nation entière (2), article 78) pour exercer un contrôle politique sur les choix politiques du Président d'Haïti et pour atteindre, de la façon la moins tracassière, au but de toute Constitution démocratique : le Gouvernement du pays par le pays.

Le Président des États-Unis nomme les Chefs des Départements exécutifs et autres fonctionnaires *de l'avis et du consentement du Sénat.*

---

(1) Art. 34. — Constitution 1889 en vigueur.

(2) Art. 65. — Constitution 1889 en vigueur.

(*Notes de l'auteur.*)

La Chambre des Communes ne donne pas de vote de non-confiance aux Ministres, car que deviendraient l'avis et le consentement du Sénat qui, en exerçant un droit constitutionnel qu'il possède seul, a déjà donné un véritable vote de confiance? Que les Ministres puissent démériter de la confiance du Sénat, le cas est prévu, mais la Chambre des Communes ne les juge pas, elle les accuse par devant le Sénat même.

Les articles que nous venons de commenter établissent donc une grande différence entre la Constitution des États-Unis et la Constitution de 1867. Cela est indéniable, cela saute aux yeux. A notre avis, il est impossible de se méprendre sur leur sens et leur portée. La responsabilité politique des Ministres est écrite en gros caractères dans la Constitution de 1867. (1) La question de Cabinet, le vote de non-confiance, enfin, le Gouvernement parlementaire en ressort pleinement.

Mais n'y aurait-il pas quelque part, dans cette Constitution, un article contradictoire aux principes du Gouvernement parlementaire? Le sophisme consisterait à tirer de cette contradiction la négation du parlementarisme. Il y a seulement ceci : le Législateur-Constituant a voulu formellement le Gouvernement parlementaire et il a été inconséquent en un point. Ce point, c'est le droit de dissolution de la Chambre des Représentants refusé au Pouvoir Exécutif.

---

(1) Les mêmes dispositions constitutionnelles existent dans la Constitution de 1889 en vigueur.

(Note de l'auteur).

EXTRAITS DE JOURNAUX

OPINIONS
SUR LE DROIT D'INTERPELLATION
ET SES CONSÉQUENCES

INTERPELLATION

I

(*Extrait du journal* la Revue-Express *du 19 juin 1897.*)

L'attention publique est vivement sollicitée en ce moment par une question des plus intéressantes du droit constitutionnel.

La Chambre des Représentants revendique le droit d'examen des actes ministériels, et, comme conséquence, celui d'y attacher l'approbation ou le blâme selon les circonstances.

Le Ministère, interprétant l'article 117 de la Constitution, conteste ce droit aux mandataires de la nation ; et, blâmé par eux, il déclare solennellement ne pas s'arrêter au vote de blâme qui lui a été infligé et qu'*il considère comme nul et non avenu*.

De ces deux théories, laquelle est la vraie? Quelle est la plus conforme aux principes du Gouvernement représentatif?

Quelle est enfin celle qui répond le mieux aux lois constitutionnelles qui établissent et garantissent nos institutions essentiellement démocratiques et représentatives?

Le droit d'interpellation, de quelque façon qu'on l'envisage, est une conséquence du principe de la responsabilité ministérielle écrit dans l'article 118 de la Constitution ; c'est une des conditions nécessaires à l'exercice du contrôle législatif et du droit d'initiative que nos lois constitutionnelles reconnaissent à l'une et à l'autre branche du Corps législatif.

Sans lui, en effet, les Chambres ne sauraient s'éclairer sur les actes des membres du Pouvoir Exécutif et, tenues sans cesse dans l'ignorance des choses qui peuvent intéresser la nation au plus haut point, elles seraient sans influence sur la marche du Gouvernement, sans action sur les intempérances et les écarts de ses agents.

Un tel rôle pouvait convenir au régime impérial de Napoléon Ier, mais il ne pouvait être réservé à des assemblées politiques sous un Gouvernement représentatif contre le nôtre.

Le Législateur-Constituant l'a senti, et, voulant instituer un système de garanties nécessaires à l'équilibre de la machine gouvernementale, il a posé le principe suivant dans l'article 117 de notre pacte fondamental :

« Ils (les Secrétaires d'Etat) ont leur entrée dans chacune des Chambres pour soutenir les projets de loi et les objections du Pouvoir Exécutif.

« Les Chambres peuvent requérir la présence des Secrétaires d'Etat et les interpeller sur tous les faits de leur administration.

« Les Secrétaires d'Etat interpellés sont tenus de s'expliquer.

« S'ils déclarent que l'explication est compromettante pour l'intérêt de l'Etat, ils demanderont à la donner à huis clos. »

Quelle est maintenant la portée de cet article ?

Le droit d'interpellation qu'il consacre se borne-t-il à permettre aux Chambres de provoquer des explications des Secrétaires d'Etat, et, ces explications données — quel que soit le caractère de légitimité ou d'illégitimité des actes ministériels — les Chambres sont-elles obligées de se tenir pour satisfaites, le droit d'exprimer leur avis sur l'objet de l'interpellation leur étant interdit ?

Si une telle interprétation pouvait être donnée à l'article 117 de la Constitution, ce serait l'écroulement de tout le système représentatif, l'anéantissement de toutes les garanties constitutionnelles appelées à assurer au pays un régime de discussion et de liberté, d'ordre et de régularité administratives.

Le contrôle législatif serait dans ce cas purement illusoire, et, en même temps que l'impunité serait assurée aux actes les plus répréhensibles, les agents du pouvoir jouiraient d'une immunité absolue dans la gestion de l'administration publique.

Or, telle n'a pas été la pensée de ceux qui ont été

appelés à organiser nos institutions fondamentales. Tous, depuis le Constituant de 1843, de 1846, de 1867 jusqu'à celui de 1889, ils ont cherché à assurer la plus grande efficacité au régime parlementaire, reconnu le plus convenable à nos besoins et à nos intérêts sociaux. Tous, ils ont armé les Chambres législatives de moyens propres à leur donner la plus grande liberté d'allure, l'influence la plus salutaire sur la marche des affaires publiques.

Et, pour s'en convaincre, il suffit de se rappeler la magistrale discussion où, avec son éloquence et sa logique irréfutable, M. Léger Cauvin a fait adopter par l'Assemblée Constituante de 1889 la proposition Labossière, si vivement combattue par M. Firmin.

« Ne craignez pas, dit l'éminent tribun, ne craignez pas, quoi qu'on nous en dise, que ce droit d'interpellation ne devienne un simple moyen de s'éclairer sur la situation de l'Etat et de s'enquérir des faits et gestes du Gouvernement. Non, non. Il a une portée plus grande : lorsqu'il s'exerce effectivement, il permet à la Chambre, non seulement de connaître les actes du ministère, *mais encore d'en exprimer son avis*, afin d'en empêcher la récidive. Il a, en outre, ce que vous me permettrez d'appeler un effet préventif : c'est que la crainte d'une interpellation détournera souvent d'actes qu'on ne pourrait sans honte avoir à exposer au public.

« Ce n'est pas là le seul mode d'influence indirecte que nous réservons au Parlement. Qu'est-ce que vous faites du refus de voter l'impôt, le budget, le contingent militaire ? Que faites-vous de l'ajournement de toutes les propositions du Pouvoir Exécutif, *jusqu'à ce que le*

Parlement ait obtenu les satisfactions que le droit d'interpellation lui permet de réclamer? Et le droit d'accusation, l'avez-vous oublié?

« Voilà, ce me semble, des moyens assez énergiques de faire triompher la volonté du Parlement pour que nous soyons dispensés de mettre les fonctions exécutives à la disposition des Parlementaires. »

Bien avant la théorie soutenue avec tant d'éclat et tant de science par M. Léger Cauvin, la jurisprudence parlementaire basée sur les articles 132 de la Constitution de 1843, 137 de la Constitution de 1846 et 31 de la Constitution de 1867 (textes semblables à celui de l'article 117 de la Constitution actuellement en vigueur), la jurisprudence parlementaire, disons-nous, avait consacré d'une manière incontestable le droit de la Chambre des Représentants d'émettre un vote motivé sur des actes ministériels soumis à ses délibérations. C'est ainsi que, sous le Gouvernement du général Nissage Saget, MM. Faubert, Lallemand, Cauvin, Carrié, Haenjens, Lorquet, Denis, Liautaud, Damier, Ethéart, etc., ont successivement résigné leurs fonctions de Secrétaires d'Etat devant l'opposition d'une majorité parlementaire. C'est ainsi encore que, sous le Gouvernement du général Boisrond-Canal, MM. Daniel, Faubert, D. Jean-Joseph Thoby, Ethéart, etc., sont tour à tour sortis du pouvoir devant une manifestation parlementaire contraire à leur politique. C'est ainsi enfin que sous le Gouvernement du général Hyppolite et sous l'empire de la Constitution qui nous régit en ce moment M. J.-J. Chancy, un des signataires de la Déclaration ministérielle du 12 juin courant, et, peu de temps après, MM. Archin, Stewart, Montasse, Lechaud, Pierre-Louis et Apollon se sont effacés devant un vote motivé de la Chambre des Représentants.

Rien n'établit que la mesure qui a atteint ces hommes d'Etat, parmi lesquels on compte des citoyens d'une probité et d'une correction politique incontestables, soit marquée au coin de l'impartialité et de la justice. Mais encore qu'ils ne fussent pas dénués de science suffisante pour commenter la Constitution et critiquer les décisions parlementaires qui les frappaient, ils ont préféré, dans leur amour du libéralisme et dans leur respect de nos institutions fondamentales, imiter l'exemple d'Aristide, qui s'est noblement résigné à un ostracisme injuste plutôt que d'être un sujet de troubles pour son pays ; ils ont préféré, ces modestes citoyens, leur dignité aux honneurs du pouvoir et, en rentrant dans la vie privée, ils ont laissé à l'histoire, cette grande justicière, le soin de les venger de l'injustice de leurs contemporains et des passions aveugles sous le coup desquelles les avait placés la fatalité de leur destinée...

Or, cette conduite, loin de prêter à critique, offre un admirable exemple d'abnégation patriotique et indique chez ceux qui l'ont adoptée un sens élevé des devoirs imposés à l'homme d'Etat par les institutions démocratiques qui constituent la forme de notre Gouvernement.

Cette opinion n'est pas seulement la nôtre. C'est aussi celle d'Edmond Paul, un grand penseur et un grand patriote, s'il en fut. C'est également celle de M. Thoby, un de nos publicistes les plus éminents et un de nos rares hommes d'Etat dont les actes concordent avec les paroles. Dans une étude pleine de science et de vues patriotiques, ce savant citoyen nous fait connaître son sentiment sur cette question de droit constitutionnel.

On nous pardonnera de citer le passage y relatif, il est un peu long, mais nous ne croyons pouvoir mieux faire que d'abriter notre opinion sous l'autorité d'un tel nom.

Voici, en effet, ce que nous dit M. Thoby dans son ouvrage intitulé : Questions a l'ordre du jour :

Le vote de non-confiance, dans l'ordre d'idées où il s'exerce, fait de chaque Chambre séparément une puissance absolue et indiscutable devant laquelle s'abaissent les regards et plie la volonté du Pouvoir Exécutif. Ce ne sera pas quelquefois sans dommage pour la chose publique. Et le dommage sera d'autant plus grand qu'un mauvais vote aura été le résultat non d'une erreur, mais d'un calcul. Mais quand il s'agit de juger la prépotence législative, ni optimiste ni pessimiste ne soyons. On va jusqu'à dénoncer le vote de non-confiance comme un instrument de tyrannie parlementaire. C'est tout simplement un bon instrument dont les Assemblées peuvent abuser. A un tel jeu, elles perdront vite leur prestige. Considérons cependant la conséquence extrême de la tyrannie parlementaire : des Secrétaires d'Etat, nécessaires au Président d'Haïti et à la bonne marche des affaires, sont injustement frappés d'un vote. Contre un tel abus, le Pouvoir Exécutif, n'étant pas armé du droit de dissolution, n'a pas la ressource de l'appel au peuple, et des Ministres trop fiers pour en appeler de Philippe à Philippe, assez honnêtes *pour ne pas conseiller un coup d'Etat, résigneront leurs portefeuilles.*

Le vote de non-confiance soulève une autre objection.

Il n'est écrit nulle part. Est-il conforme, disent quelques-uns, à l'esprit et à la lettre de la Constitution ?

Deux points sont maintenant très nettement posés.

Sans vote de non-confiance, pas de Ministres politiquement responsables devant le Parlement.

Sans la responsabilité politique des Ministres devant le Parlement, pas de gouvernement parlementaire.

Nous réfuterons l'objection, si nous prouvons que la responsabilité politique des Ministres devant le Parlement est dans la Constitution.

L'article 132 de la Constitution de 1867 est ainsi concu :

« Les Secrétaires d'Etat sont respectivement responsables tant des actes du Président qu'ils contresignent que de ceux de leur Département, ainsi que de l'inexécution des lois. En aucun cas, l'ordre verbal ou écrit du Président ne peut soustraire un Secrétaire d'Etat à la responsabilité. »

Ici la responsabilité des Ministres est posée d'une façon générale. C'est dans d'autres articles que les distinctions, les catégories apparaissent, et que l'on trouve :

1° La responsabilité que Rossi appelle la responsabilité pénale, d'autres la responsabilité criminelle ou judiciaire et qui s'attache aux actes d'un caractère délictueux, aux plus grands crimes comme aux simples délits ;

2° La responsabilité que nous avons appelée la responsabilité politique devant le Parlement, et qui s'attache à tous les actes où il n'y a ni crime ni délit : idées, opinions, systèmes, mesures politiques.

La responsabilité pénale est définie par l'article 133 ainsi conçu :

« La Chambre des Représentants accuse les Secrétaires d'Etat et les traduit devant le Sénat, en cas de malversation, de trahison, d'abus et d'excès de pouvoir et de tout autre crime ou délit commis dans l'exercice de leurs fonctions.

« Le Sénat ne peut prononcer d'autres peines que celles de la destitution et de la privation du droit d'exercer toute fonction publique pendant un an au moins ou cinq ans au plus.

« S'il y a lieu à appliquer d'autres peines et à statuer sur l'exercice de l'action civile, il y sera procédé devant les tribunaux ordinaires, soit sur l'accusation admise par la Chambre des Communes, soit sur la poursuite des parties lésées. »

La responsabilité pénale, la peine à y appliquer par le Sénat, la procédure à suivre, on les a tirées presque textuellement de la Constitution des Etats-Unis où il n'existe ni question de Cabinet, ni vote de non-confiance.

La responsabilité politique devant le Parlement se déduit des articles 118, 119, 129, 131, 82 (2e paragraphe), 89 (3e paragraphe) et 113. Essayons-en quelques commentaires.

« Art. 118. Toutes les mesures que prend le Président sont préalablement délibérées en Conseil des Secrétaires d'Etat. »

Du principe que toute mesure est délibérée en Conseil, le Président d'Haïti n'a pas d'opinion personnelle devant le Corps Législatif. Il se confond et se perd dans le Conseil des Secrétaires d'Etat qui forme avec lui le Pouvoir Exécutif. Il a le devoir constitutionnel de penser avec et par le Conseil, de se munir de ce répondant parlementaire qui n'aurait plus de raison d'être, en tant que répondant, s'il ne portait la responsabilité politique d'une opinion ou d'une mesure.

Le Président des Etats-Unis peut requérir l'opinion écrite du principal fonctionnaire dans chacun des Départements exécutifs. (Constitution des Etats-Unis, article deuxième, section deuxième 1.) C'est une faculté, ce n'est pas un devoir. Aussi le Président des Etats-Unis ne convoque-t-il pas régulièrement de Conseil des Ministres. Les plus grandes mesures politiques ne sont pas, préalablement à leur exécution, forcément délibérées en commun. Le Président des Etats-Unis prend quelquefois l'avis *des chefs des Départements exécutifs* (c'est le titre des Ministres), mais il n'est pas tenu de le suivre, et la Constitution, pas plus que l'opinion, n'impose à ses Ministres le devoir de donner leur démission sur une divergence d'opinions politiques. La responsabilité politique n'existe pas pour eux.

« Art. 119. Aucun acte du Président, autre que l'arrêté portant nomination ou révocation des Secrétaires d'Etat, ne peut avoir d'effet s'il n'est contresigné d'un Secrétaire d'Etat qui, par cela seul, s'en rend responsable avec lui. »

Du principe que tout acte sans contre-seing ministériel ne peut avoir d'effet, le Président d'Haïti est légalement impuissant sans le Conseil des Secrétaires d'Etat.

Le Président des Etats-Unis, étant seul politiquement responsable devant le Congrès, transmet des ordres aux chefs des Départements exécutifs. Les deux proclamations de l'honnête Abraham Lincoln, relatives à l'émancipation des esclaves (22 septembre 1862 et 1er janvier

1863), n'ont pas été délibérées en Conseil. Selon M. de Chambrun, le Président des Etats-Unis les communiqua simplement à ses Ministres.

« Art. 129. Les Secrétaires d'Etat se forment en Conseil sous la Présidence du Président d'Haïti ou de l'un d'eux, délégué par le Président. »

Du principe que toutes les mesures sont délibérées en Conseil résulte l'obligation de la formation du Conseil. Cet article est presque inutile, étant une conséquence logique de l'article 118. La répétition prouve la préoccupation du Législateur-Constituant pour affirmer de plus en plus le rôle politique des Ministres.

« Art. 82 (2e paragraphe). L'initiative (des lois) appartient à chacune des deux Chambres et au Pouvoir Exécutif. »

« Art. 89 (3e paragraphe). Les organes du Pouvoir Exécutif ont la faculté de proposer des amendements aux projets de loi qui se discutent, même de l'initiative des Chambres. »

Du principe que le Pouvoir Exécutif a l'initiative des lois, les Secrétaires d'Etat ont leur entrée dans les Chambres, d'une part, pour soutenir les projets de loi et les objections du Pouvoir Exécutif; d'autre part, pour combattre les projets de loi et propositions quelconques de l'initiative des Chambres.

Le Président des Etats-Unis n'a pas l'initiative des lois. Les chefs des Départements exécutifs n'ont pas leur entrée dans les Chambres; donc pas de discussion de projet de loi, pas d'interpellation, pas de question de cabinet, pas de vote de non-confiance.

« Art. 131. Les Secrétaires d'Etat ont leur entrée dans chacune des deux Chambres pour soutenir les projets de loi et les objections du Pouvoir Exécutif.

« Les Chambres peuvent requérir la présence des Secrétaires d'Etat et les interpeller sur tous les faits de leur administration.

« Les Secrétaires d'Etat interpellés sont tenus de s'expliquer. »

Du principe que les Secrétaires d'Etat ont leur entrée dans les Chambres, ils peuvent, à l'occasion des projets de loi et des objections du Pouvoir Exécutif ou des Chambres, poser la question de cabinet et par conséquent se démettre sur un vote défavorable.

Du principe qu'ils peuvent être interpellés et qu'ils sont tenus de s'expliquer, l'Assemblée a le droit de déclarer, par un ordre du jour simple ou motivé, les explications satisfaisantes ou non satisfaisantes ; d'où la question de cabinet, le maintien ou la retraite des Ministres.

Notez qu'il est interdit au Président d'Haïti de descendre dans l'arène parlementaire et de se mêler aux débats législatifs. Sa personne est couverte par ses Ministres, car dit le 2e paragraphe de l'article 132:

« En aucun cas, l'ordre verbal ou écrit du Président d'Haïti ne peut soustraire un Secrétaire d'Etat à la responsabilité. »

« Art. 113. Le Président d'Haïti nomme et révoque les Secrétaires d'Etat. »

Du principe qu'aucune des deux Chambres n'intervient dans la nomination des fonctionnaires publics qui relèvent du Pouvoir Exécutif d'un Gouvernement (essentiellement démocratique et représentatif, article 42), le vote de non-confiance se présente comme un moyen indirect mis aux mains des membres du Corps

Législatif (qui représente la nation entière, article 78) pour exercer un contrôle politique sur les choix politiques du Président d'Haïti, et pour atteindre, de la façon la moins tracassière, au but de toute Constitution démocratique : le Gouvernement du pays par le pays.

INTERPELLATION

II

Extrait du journal *La Revue-Express* du 3 juillet 1897 :

On vient d'essayer timidement — et sans énoncer les noms de MM. Edmond Paul, Thoby et Léger Cauvin, dont on n'ose combattre ouvertement les opinions — de soutenir que le droit d'interpellation, tel qu'il est inscrit dans la Constitution de 1889, est dénué de sanction et ne confère pas aux Chambres législatives le droit d'émettre un avis motivé sur les explications que pourraient fournir les Secrétaires d'État. A l'appui de cette thèse, on cite une opinion émise par M. Firmin à la Constituante de 1889 et on y échafaude un système dont le vide et l'inanité sautent aux yeux des moins clairvoyants.

On oublie ou l'on feint d'oublier, en effet, que l'opinion de M. Firmin n'est pas celle qui a prévalu à la Constituante, et que, M. Cauvin l'ayant emporté sur lui, ce sont les raisons données par ce dernier pour faire admettre la proposition Labossière, combattue par M. Firmin, qui indiquent et fixent la pensée de la Constituante sur le droit d'interpellation.

Or, ce sens n'est nullement douteux, car M. Léger Cauvin, avec cette méthode qui est le propre de son esprit scientifique, s'en est fort clairement expliqué. Après avoir dit que le droit d'interpellation ne serait pas un simple moyen pour les Chambres « de s'éclairer sur la situation de l'État et de s'enquérir des faits et gestes du Gouvernement », il ajoute qu'il « permettrait aux Chambres d'exprimer leur avis sur les actes du Ministère ». Complétant sa pensée et l'exprimant sous une forme plus saisissante encore, M. Léger Cauvin dit un peu plus loin : « Que faites-vous de l'ajournement de toutes les propositions du Pouvoir Exécutif, jusqu'à ce que le Parlement ait obtenu les satisfactions que le droit d'interpellation lui permet de réclamer? » Il demeure évident, dans ces conditions, que dans la pensée de M. Léger Cauvin et, partant, de la Constituante, qui a partagé son opinion en votant la proposition Labossière, le droit des Chambres d'exprimer leur avis sur les actes du Ministère implique celui de réclamer des satisfactions inhérentes au droit d'interpellation.

Aussi, cherchant les remèdes à apporter aux coalitions parlementaires formées contre un Cabinet, M. Léger Cauvin s'arrête-t-il au moyen suivant : « Que la Constitution mette à l'épreuve la sincérité des ambitions en disant aux membres du Corps législatif : Quand vous aurez condamné la politique et la conduite d'un Ministère, libre à vous de prendre sa place! C'est peut-être votre droit d'être appelé au pouvoir pour faire l'application de votre programme, mais que ce soit à vos risques et périls; soyez Ministres, mais cessez d'être députés! »

Il s'ensuit donc que les Chambres peuvent, après avoir interpellé un Ministère, exprimer leur avis sur l'objet de l'interpellation; que cet avis, une fois exprimé, donne aux Chambres le droit d'obtenir les satisfactions que le droit d'interpellation leur permet de réclamer; que les Chambres peuvent condamner la politique et la conduite d'un Ministère, sauf, après avoir renversé le Ministère de la sorte, à renoncer au mandat législatif pour occuper le pouvoir.

Si toutes ces explications, d'une netteté et d'une clarté indiscutables, ne suffisaient pas à convaincre ceux qui essaient de soutenir le contraire, on nous permettra de produire un argument plus péremptoire encore. « C'est la Constitution de 1879, nous apprend M. Léger Cauvin dans son rapport fait à l'Assemblée constituante, que la commission chargée d'élaborer un projet de Constitution a prise pour base de son travail. » Or, l'article 130 de la Constitution de 1879, correspondant à l'article 119 de la Constitution de 1889, est ainsi conçu :

« Art. 130. — La Chambre des Communes accuse les Secrétaires d'État et les traduit devant le Sénat, en cas de malversation, de trahison, d'abus et d'excès de pouvoir et de tout autre crime commis dans l'exercice de leurs fonctions.

« Aucun vote des deux Chambres pouvant entraîner dans ses effets une modification partielle ou totale du Ministère ne peut être donné sans que se présente l'un des cas prévus au premier alinéa du présent article, etc.»

Le deuxième alinéa de cet article constituait, on le voit, une restriction au contrôle des Chambres législatives et une dérogation au droit public antérieur, qui admettait le droit d'interpellation avec toutes ses conséquences.

Or, si l'Assemblée constituante de 1889 eût partagé l'opinion des rédacteurs de la Constitution de 1879 sur ce point et pensé que le principe énoncé dans cet alinéa répondait aux aspirations de la révolution qui venait de renverser le général Salomon du pouvoir, il n'y a pas de doute que la Constituante de 1889 ne l'eût conservé. Mais, loin de l'avoir fait, elle l'a effacé du nouveau texte de l'article 119 correspondant à l'article 130 de la Constitution de 1889, ce qui indique d'une manière indéniable l'intention et la volonté du législateur-constituant d'y déroger et de revenir aux vrais principes du gouvernement parlementaire, du gouvernement du pays par le pays.

Il nous semble que cette suppression, qu'on n'attribuera pas, sans doute, à une erreur ou qu'on n'imputera pas à une omission, parle avec assez d'éloquence pour réduire à néant les subtilités byzantines que l'on débite *pro domo sua.*

Mais voilà que pour donner le change et mettre M. Firmin en harmonie avec sa conscience et ses opinions d'antan, on prétend que lorsqu'il déclarait, en 1891, que le gouvernement de la République était démocratique et parlementaire, il ne visait que le régime créé par la Constitution de 1846. Il y aurait donc, d'après ces défenseurs de M. Firmin, une différence entre le droit d'interpellation admis par la Constitution de 1846 et celui reconnu par la Constitution de 1889? Référons-nous-en aux textes, afin de tirer la question au clair.

Que porte l'article 136 de la Constitution de 1846, correspondant à l'article 117 de la Constitution de 1889?

« Art. 136 (Constitution de 1846). — Les Chambres peuvent requérir la présence des Secrétaires d'État et les interpeller sur tous les faits de leur administration.

« Les Secrétaires d'État, interpellés, sont tenus de s'expliquer, à moins qu'ils ne jugent l'explication compromettante pour l'intérêt de l'État.

« Art. 117, 2e alinéa (Constitution de 1889). — Les Chambres peuvent requérir la présence des Secrétaires d'État et les interpeller sur les faits de leur administration.

« Les Secrétaires d'État interpellés sont tenus de s'expliquer.

« S'ils déclarent que l'explication est compromettante pour l'intérêt de l'État, ils demanderont à la donner à huis clos. »

Ce dernier texte, loin de restreindre, comme on a voulu le faire accroire, le droit d'interpellation, lui donne, au contraire, une étendue plus grande que celui accordé par l'article 136 de la Constitution de 1846. Tandis que, en effet, sous l'empire de cette dernière Constitution, les Secrétaires d'État pouvaient ne pas s'expliquer lorsqu'ils jugeaient l'explication compromettante pour l'intérêt de l'État, sous l'empire de la Constitution de 1889, plus libérale, ils sont toujours tenus de s'expliquer, sauf, s'ils déclaraient les explications compromettantes pour l'intérêt de l'État, à demander à les fournir à huis clos.

Si donc, d'après M. Firmin, la Constitution de 1846 conférait à notre Gouvernement la forme démocratique et parlementaire, la Constitution actuelle lui confère la forme démocratique et parlementaire d'une manière plus absolue et moins sujette à équivoque. D'où il suit que l'opinion émise par M. Firmin sur la Constitution de 1846 s'appliquerait avec plus d'évidence et de justesse encore à la Constitution de 1889. L'échappatoire imaginée par nos contradicteurs se trouve donc réduite à néant par l'évidence des faits.

Nous regrettons, pour ceux qui s'accrochent au pouvoir avec la tragique énergie du naufragé, que les textes, les traditions, les doctrines et voire leurs propres opinions de la veille, se réunissent contre eux et condamnent leur conduite présente. Mais c'est le sort de tous ceux qui ne sont pas guidés par l'amour désintéressé de la vérité, par l'abnégation patriotique qui fait le grand citoyen, par le souci d'échapper à la réprobation rétrospective de l'histoire. Aveuglés par leurs passions, ils se buttent sans cesse à des contradictions et offrent le triste spectacle de citoyens sacrifiant leur dignité à des intérêts mesquins et éphémères...

DU VOTE DE NON-CONFIANCE.

Extrait du journal Le Civilisateur *du 27 avril 1871.*

En 1847, le Ministère du général Faustin Soulouque tomba devant la majorité du Sénat sans qu'il cherchât à enchaîner son destin aux destinées de la République.

Il parut à cette époque au Ministère que le Sénat discutait le budget avec un sentiment de défiance.

Lui, le Ministère, par dignité, comprit qu'il lui fallait poser une question préalable, et il la posa dans son sens le moins équivoque.

Le Ministère a-t-il la confiance du Sénat?

Le Sénat répondit par son vote : « Je n'ai pas confiance. »

Alors le Ministère de dire : « Nous allons de ce pas faire notre devoir. » Ce dernier, c'était celui de citoyens dévoués à leur pays, honorant ses institutions, d'hommes soucieux de ménager leur caractère et de conserver leur prestige aux yeux de ceux-là mêmes qui venaient de leur retirer leur confiance.

Les Ministres de ce temps ne demandèrent point ni leur mise en jugement, ni les motifs de la non-confiance qu'ils inspiraient.

Ils savaient, eux, que la non-confiance est un sentiment et que le sentiment n'a besoin d'autre justification que son existence, pour qu'il répugne à l'homme délicat de s'y heurter.

Ils savaient, eux, que pour mettre en jugement des

Ministres, il faut toujours un cas de délit tel qu'il est grave et défini par la Constitution ou les lois de l'État, et qu'il eût paru pour le moins puéril qu'on demandât soi-même à se défendre sur un terrain où l'on n'était point attaqué.

En effet, l'homme a ses idées comme ses conceptions, ses moyens comme sa politique, et quand deux hommes diffèrent entre eux d'idées et de moyens, de conceptions ou de politique, il ne peut entrer dans aucun cerveau humain de leur en faire un crime.

L'Espagne prend possession de la partie est de l'île d'Haïti.

Le Ministère croit que pour sauver notre nationalité il faut déclarer la guerre à l'Espagne.

La majorité du Corps législatif croit que, pour arriver au même but, il est plus prudent, au contraire, d'employer les moyens de la diplomatie.

Voilà deux politiques qui se heurtent, deux moyens qui s'entrechoquent.

Le Ministère tomba devant la majorité législative.

Est-ce pour cela que la politique de la guerre doit être traînée à la barre d'une juridiction nationale ?

De même le Ministère actuel, qui tombe devant le vote du 24 de ce mois parce qu'il a suivi dans l'Adresse une politique désavouée par la Chambre, peut n'avoir pas commis un de ces méfaits qui le rend passible d'aucun jugement, d'aucune condamnation.

La Chambre est maîtresse de ses appréciations.

Nul ne peut lui dicter ce que les actes des Ministres lui commandent de faire.

Un Ministère peut tomber devant une majorité qui le jugerait sans talent, sans habileté capable de bien gérer la chose publique, de contribuer à la gloire et à la prospérité de la nation.

L'an passé, en France, le Ministère Ollivier tomba devant la Chambre sous une simple motion, sans débat.

Quand Napoléon marchait visiblement au devant du désastre de Sedan, la Chambre déclara l'insuffisance du commandement en chef et l'empereur cessa de commander l'armée française.

Le Ministre haïtien a dit : Je ne puis prendre la responsabilité des moyens votés par la Chambre. Or, la Chambre a répondu : Moi, je ne puis désormais délibérer qu'avec des Ministres qui s'associent, par le péril comme par l'honneur, à toutes les conséquences des mesures qu'ensemble nous délibérons.

Quoi de plus juste ? Quoi de plus naturel ?

Et quand, pour tout supposer, il faudrait juger nos Ministres, est-ce que ce fait pourrait jamais avoir pour conséquence de les relever du vote de non-confiance dont ils ont été frappés ?

Que les Ministres soient jugés ou non, acquittés ou non, ils n'en auront pas moins perdu la confiance de la Chambre des Communes.

La Chambre accuse ; le Sénat juge.

Quel Ministre aurait donc assez de faiblesse ou d'indignité pour se présenter devant la Chambre et délibérer avec qui l'aurait mis en accusation?

En 1817, la Chambre des Communes soutint le Ministère, qui ne crut pas moins de sa dignité de se retirer devant le vote du Sénat.

Les Ministres qui tombent par un vote de non-confiance n'ont jamais *pour juge que l'opinion publique, pour tribunal que la presse.*

En 1862, le Ministère du général Geffrard pressentit un vote de la Chambre; il le prévint et se retira.

Haïti a encore des hommes ; nous ne ferons pas l'injure à notre pays de croire que la dignité du citoyen est bannie de son territoire.

Seulement nous disons :

« L'homme peut perdre un jour; sa destinée est la « seule dont il répond ; mais un Gouvernement n'a pas « le droit de perdre une heure, car sur lui pèse la res- « ponsabilité de toute la destinée d'un peuple. »

E. PAUL.

LA SITUATION ACTUELLE

(CHAMBRES ET CABINET)

Extrait du journal « L'A B C » *n° 13, du 19 juin 1897.*

Les rédacteurs de l'*A B C* ne furent pas ménagés la semaine dernière par quelques-uns des membres de la presse *indépendante*. Son directeur, tout particulièrement, fut l'objet d'un flot d'injures. Il n'y a pas de gros mots qu'on ne lui ait dits, il n'y a pas d'insultes dont on ne le crût digne. Pourtant, ceux qui savent faire aux collaborateurs de son journal l'honneur de les lire seront de cet avis que pas une seule fois ils ne se sont départis de la ligne de conduite qu'ils se sont tracée : celle de respecter tout le monde, de ne jamais écrire une seule phrase qui soit de nature à froisser personne, de ne s'attacher qu'aux principes.

Encore une fois, les rédacteurs de l'*A B C* ne croient pas qu'ils doivent répondre aux horreurs qu'on leur a fait l'honneur de leur adresser. Ils le voudraient qu'ils ne le pourraient pas, n'ayant pas encore trouvé le dictionnaire où se trouvent les mots sales et injurieux. Cependant, il y a un point sur lequel — eu égard à son importance politique — on leur permettra de revenir.

On les accuse d'être contre le Cabinet, encore qu'ils aient souvent déclaré que la plupart des ministres actuels sont dignes de leur confiance. Ceux qui avancent ce fait ne peuvent citer, nous l'affirmons, une seule phrase, un seul mot où MM. Firmin, Ménos, Arteaud, Chancy et le général Marius aient été attaqués. Les rédacteurs de l'*A B C* ont écrit que M. Douyon est un mauvais ministre de l'Intérieur. Ils ont cité des actes accomplis par lui, lesquels leur donnent pleinement raison. D'ailleurs, et à ce propos, ils se sont trouvés d'accord avec presque tous les membres de la presse.

Qu'on veuille le croire, ils sont d'autant moins poussés par la passion que, soir et matin, ils supplient le bon Dieu de faire ce miracle. M. Douyon, soit écoutant les conseils de ses collègues ou de ses amis, soit guidé par l'inspiration divine, accomplissant un bon acte. Ils en profiteront, avec empressement, pour lui adresser toutes leurs félicitations.

M. Douyon forme-t-il à lui seul tout le Cabinet ? Si

oui, nous qui avons dit notre opinion sur son compte, nous ne nierons jamais que nous sommes contre tout le Cabinet. Cela dit une fois pour toutes, nous abordons notre sujet.

*
* *

Le public se rappelle que, il y a de cela quelques jours, M. Douyon fut accusé d'avoir fait sortir *illégalement* de son département, et par un virement de fonds, ce qui est défendu par la Constitution, une somme de huit mille gourdes pour nous ne savons plus quels frais.

La Chambre des députés, saisie de la question, interpella le ministre de l'Intérieur.

Disons que, pour notre part, nous étions en faveur de cette interpellation. Nous pensions que, le vote acquis, il se retirerait du ministère. Aujourd'hui encore, nous pensons qu'il avait pour devoir de le faire.

Pour avoir exprimé nos sentiments à cet égard, on a affimé que nous sommes les défenseurs passionnés des députés à qui, a-t-on ajouté, nous nous sommes vendu. Nous ne nous occuperons pas de cette accusation. Nous nous contenterons simplement de dire que tous ceux qui savent ce que peut un ministre dans notre pays et ce qu'y peut un député seront de l'opinion que de ceux qui défendent les ministres ou de ceux qui défendent les députés, les plus intéressés, si intéressés y a, ne sont pas les derniers. — Continuons.

Le 4 juin dernier, M. Douyon se présenta à la Chambre pour répondre à l'interpellation. Malheureusement, il se fit accompagner de tous ses collègues qui, plus malheureusement encore, acceptèrent de s'attacher à son sort. Il avait raison ; car, on s'en souvient, ce n'est pas M. Douyon qui défendit sa cause.

Après un long débat, la Chambre vota l'ordre du jour suivant : « La Chambre, non satisfaite des explications « fournies par le Cabinet à l'occasion des frais d'instal- « lation qu'il s'est illégalement appropriés, blâme sa « conduite, cesse tous rapports avec lui et passe à « l'ordre du jour. »

La Chambre dépassa ses limites. Il nous semble qu'elle aurait dû laisser à la délicatesse des ministres la faculté de se retirer, ou à la sagesse du Président le soin de leur demander leur démission. Nous croyons que, « quelque passionné que soit un vote et précisément parce qu'il est passionné, il faut éviter avec soin que la pensée et les termes n'en soient empruntés aux cours d'assises criminelles ».

Aussi, le Président de la République trouva-t-il que MM. les Députés avaient empiété sur ses attributions constitutionnelles. Il adressa au peuple une proclamation dans laquelle il protesta contre une partie du vote de la Chambre qui, tout de suite, comprit son tort. Et, afin de donner satisfaction au Chef de l'État, elle lui envoya un Message lui expliquant sa conduite et vota une résolution retirant le dernier membre de phrase de l'ordre du jour. Enfin, après huit jours de silence, une déclaration signée des six ministres apprit à la nation que le Cabinet, lui aussi, avait protesté contre le blâme que la Chambre lui avait voté. — Là s'arrête, jusqu'ici, toute l'histoire.

Maintenant voyons si, oui ou non, la Chambre des Députés a le droit de donner un vote de non-confiance à un Ministère quelconque, et, dans ce cas, quel est le devoir de ce Ministère.

Plusieurs écrivains ont déjà produit des arguments contestant ce droit à la Chambre. L'un de ces arguments, pas le moins couru, consiste à dire que MM. les Députés n'ont aucun droit de parler au nom du peuple, ayant été tous nommés par la force brutale plutôt qu'élus par ce peuple.

Nous avons dit, dans l'article précédent, notre opinion sur ce point. Nous croyons, en effet, que nous nous faisons du tort à nous-mêmes en répétant que les Députés actuels ne sont pas les Représentants de la nation. Nous avons été, pour ce qui nous est personnel, victime de la façon dont les dernières élections ont eu lieu. Nous voulons supposer que, si la liberté électorale était garantie, nous aurions eu peut-être une petite commune de la République qui nous aurait fait l'honneur de nous croire digne de la représenter au Parlement; mais, c'est notre opinion la plus sincère, nous avons, à cette heure, pour devoir d'accepter les faits accomplis.

N'oublions pas que nous avons toujours été trop prêts à trouver mauvais ce qui a été fait avant notre arrivée aux affaires. Il importe que nous réfléchissions sur les conséquences qui peuvent résulter de cette déclaration que les Députés ne sont pas les mandataires du peuple. Prenons garde, nous le répétons, que demain on ne vienne nous jeter à la face nos propres arguments et nous demander ainsi à annuler des résolutions, des lois que nous nous serions données. D'ailleurs, les correspondances échangées entre le Gouvernement et la Chambre actuelle, les convenances observées par celui-là envers celle-ci, prouvent que le Pouvoir Exécutif lui-même a toujours reconnu dans MM. les Députés les Représentants de la nation.

Le second argument laisse à entendre que la Chambre n'a aucun pouvoir de blâmer le Cabinet parce que, en vertu même de la Constitution, notre République n'est point parlementaire, mais bien *présidentielle*. Pour établir la différence qui existe entre ces deux sortes de Républiques, on a cité la France et les États-Unis d'Amérique. La première, la République française, est parlementaire; la seconde, celle des États-Unis, est présidentielle.

Ainsi, de deux choses l'une : ou les lois constitutionnelles de la République haïtienne ont plus de rapport avec celles de la France, dans ce cas, elle est parlementaire; ou elles ont plus de rapport avec celles des États-Unis, dans ce cas, elle est présidentielle. Nous allons donc jeter un coup d'œil sur ces deux Républiques et essayer de trouver celle à laquelle la nôtre ressemble le plus.

Tout d'abord, nous remarquons qu'aux États-Unis c'est le peuple qui élit directement son Président; en France, comme en Haïti, c'est l'Assemblée nationale, Chambre et Sénat réunis, qui nomme le Chef de l'État. « Le Président des États-Unis peut requérir l'opinion écrite du principal fonctionnaire dans chacun des Départements exécutifs (Constitution des États-Unis, article 2, section 1). C'est une faculté, ce n'est pas un devoir. Aussi, le Président des États-Unis ne convoque-t-il pas régulièrement de Conseil des Ministres. Les plus grandes mesures politiques ne sont pas, préalablement à leur exécution, forcément délibérées en commun. Le Président des États-Unis prend quelquefois l'avis *des chefs des Départements exécutifs* (c'est le titre des Ministres), mais il n'est pas tenu de le suivre, et la Constitution, pas plus que l'opinion, n'impose à ses Ministres le devoir de donner leur démission sur une divergence d'opinions politiques. La responsabilité politique n'existe pas pour eux. »

En France, comme en Haïti, aucun acte important ne peut être décidé sans une décision du Conseil des Ministres qui doivent se démettre pour peu qu'il n'y ait pas d'entente entre eux. En France, comme en Haïti, le Président de la République préside ce Conseil sans l'assentiment duquel il ne peut rien. « Le Président des Etat-Unis, dit M. Thoby, dont la compétence en droit constitutionnel est incontestable, le Président des Etats-Unis, étant seul politiquement responsable devant le Congrès, transmet des ordres aux chefs des Départements exécutifs. Les deux proclamations de l'honnête Abraham Lincoln, relatives à l'émancipation des esclaves (22 septembre 1862 et 1er janvier 1863), n'ont pas été délibérées en Conseil. Selon M. de Chambrun, le Président des Etats-Unis les communiqua simplement à ses Ministres ». En France, comme en Haïti, deux actes de cette importance seraient nuls (art. 105 de la Constitution en vigueur), s'ils n'étaient pas contresignés par les Ministres. En France, comme en Haïti, dit M. Eustis, ancien ambassadeur des Etats-Unis à Paris, « chage juge d'instruction est investi d'un pouvoir qui lui permet d'opprimer des citoyens innocents et de devenir un petit tyran ; de priver ceux-ci de leur liberté pour une période indéterminée. Un système semblable, ajoute M. Eustis, rendrait la vie insupportable à un

Américain ». En France, comme en Haïti, on tient à l'égalité. Aux Etats-Unis, on tient à la liberté.

Que doit-on conclure de tout ce qui précède et d'autres faits que tout le monde connaît, si ce n'est que la République haïtienne peut bien plus être comparée avec la République française qu'avec la République américaine ; et que, conséquemment, elle est plus parlementaire que présidentielle. D'où, selon nous, la nécessité où elle se trouve de suivre les règles parlementaires.

En troisième lieu, on répète que, le Président d'Haïti nommant et révoquant les Sécrétaires d'Etat (art. 98 de la Constitution), la Chambre n'a pas le droit de leur donner un vote de blâme. Ce n'est pas nous qui contesterons au Président les prérogatives que lui garantit la Constitution. Aussi nous serions-nous arrêté là si, encore sur cette question, on n'avait pas cru devoir rappeler la République des Etats-Unis.

Que M. Thoby nous permette donc de continuer de le citer. Nous faisons assurément plaisir au public, qui a confiance dans son savoir et qui le relisait, il y a de cela quelques jours, avec tant de satisfaction, dans plusieurs numéros de l'*Impartial*. Après avoir cité l'article 113 de la Constitution de 1867, écrit dans les mêmes termes que l'article 98 de la Constitution actuelle, M. Thoby dit : « Du principe qu'aucune des deux Chambres n'intervient dans la nomination des fonctionnaires publics qui relèvent du Pouvoir Exécutif d'un Gouvernement essentiellement démocratique et représentatif (article 42, Constitution de 1867, — article 34, Constitution en vigueur), le vote de non-confiance se présente comme un moyen indirect mis aux main du Corps législatif (qui représente la nation entière. article 78, Constitution 1867, — article 65, Constitution en vigueur) pour exercer un contrôle politique sur les choix du Président d'Haïti, et pour atteindre, de la façon la moins tracassière, au but de toute Constitution démocratique : le Gouvernement du pays par le pays.

« Le Président des Etats-Unis nomme les chefs des Départements exécutifs et autres fonctionnaires *de l'avis et du consentement du Sénat.*

« La Chambre des communes ne donne pas de vote de non-confiance aux Ministres, car que deviendrait l'avis et le consentement du Sénat qui, en exerçant un droit constitutionnel qu'il possède seul, a déjà donné un véritable vote de confiance? Que les Ministres puissent démériter de la confiance du Sénat, le cas est prévu, mais la Chambre des communes ne les juge pas, elle les accuse par devant le Sénat même. »

Il n'est pas nécessaire, ce nous semble, de dire plus de cet article 98 qui se trouve dans toutes les Constitutions d'Haïti de 1816 à ce jour, sans excepter celle de Faustin Ier. Ajoutons simplement que les votes de blâme ou de non-confiance datent de longtemps et, à chaque fois qu'ils ont été donnés, soit poussés par une question de délicatesse, soit remerciés par le Chef de l'Etat, soit se considérant comme révoqués par les Chambres, les Ministres frappés ont toujours compris qu'il était de leur devoir de s'effacer.

On soulève en dernier lieu une dernière question. On prétend que, d'après l'article 117 de la Constitution, les Ministres interpellés ne doivent que des explications après lesquelles la Chambre ne peut que les mettre en accusation, s'il y a lieu.

En vérité, nous nous étonnons de voir, comme aujourd'hui, on essaie de changer le sens des expressions. Depuis 1843, il n'y a pas une seule de nos Constitutions où ne se trouve mot pour mot cet article 117 qui, comme l'article 98, fait tant de bruit à l'heure actuelle. Quoi! les Chambres ont le droit d'appeler un Ministre, de lui demander des explications « sur tous les faits de son administration! » Quoi! le Ministre ne peut, sans violer la Constitution, refuser de donner ces explications, et les Chambres, après les avoir entendues, n'ont pas le droit de dire à ce Ministre : Je vous félicite ou je vous blâme!

M. Thoby, qui avait été l'objet d'un vote bien plus terrible qu'un vote de blâme, d'un vote ANTIPATRIOTIQUE, et cela sous l'empire d'une Constitution sur ce point semblable à celle en vigueur actuellement, M. Thoby qui, pour cette raison, pourrait vouloir amoindrir les prérogatives du Corps législatif, M. Thoby dit : « Du principe que les Secrétaires d'État ont leur entrée dans les Chambres, ils peuvent, à l'occasion des projets de loi et des objections ou du Pouvoir Exécutif ou des Chambres, poser la question de Cabinet et, par conséquent, se démettre sur un vote défavorable.

« Du principe qu'ils peuvent être interpellés et qu'ils son tenus de s'expliquer, l'Assemblée a le droit de déclarer, par un ordre du jour simple ou motivé, les explications satisfaisantes ou non satisfaisantes : d'où la question de Cabinet, le maintien ou la retraite des Ministres. »

Dans tous les cas, la Constitution dit formellement

que « le Gouvernement de la République est essentiellement DÉMOCRATIQUE et REPRÉSENTATIF ».

Ce n'est pas, assurément, pour nous le moment de savoir si celui qui, le premier, nous a donné cette forme de Gouvernement ne nous a pas fait plus de mal que de bien... Voyons les choses telles qu'elles sont et rappelons-nous que le gouvernement démocratique est le gouvernement du peuple par le peuple. La démocratie, c'est « la prédominance du pouvoir populaire dans un gouvernement quelconque, même monarchique ». Ce peuple gouvernant, déléguant des mandataires, institue le gouvernement représentatif. C'est par l'entremise de ses mandataires qu'il exerce « le pouvoir du contrôle suprême, pouvoir qui, dans toute Constitution, doit se trouver quelque part ».

Il est de la dernière évidence que, par le seul fait que la Constitution, *peut-être à tort,* a déclaré que le Gouvernement est démocratique, elle a reconnu au peuple le droit de se gouverner. En disant que ce Gouvernement est représentatif, elle a admis que ce peuple doit avoir des délégués pour contrôler en son lieu et place. Ce droit de contrôle n'implique-t-il pas le droit de félicitations ou de blâme? John-Stuart Mill, qui a écrit le *Gouvernement représentatif,* dit que « le véritable office d'une Assemblée représentative n'est pas de gouverner, elle y est radicalement impropre, mais bien de surveiller et de contrôler le Gouvernement, de mettre en lumière tous ses actes, d'en exiger l'exposé et la justification, quand ces actes paraissent contestables, *de les blâmer* s'ils sont condamnables, de chasser de leur emploi les hommes qui composent le Gouvernement, s'ils abusent de leur charge ou s'ils la remplissent d'une façon contraire à la volonté expresse de la nation, et de nommer leurs successeurs, soit expressément, soit virtuellement. » Et M. Mill ajoute plus loin : « Le rôle des Assemblées, c'est d'indiquer les besoins, d'être un organe pour les demandes populaires, un lieu de discussions pour toutes les opinions sur les affaires publiques, petites ou grandes, et en même temps de contenir par leur critique, et au besoin en leur retirant leur appui, ces hauts fonctionnaires publics qui dirigent en réalité les affaires publiques ou qui nomment ceux par qui elles sont dirigées. »

Nous sommes presque sûr que de tout ce qui précède on va conclure que nous défendons les Députés. On se trompera sur nos intentions. Nous soulevons ici une question de principe posée par la « Déclaration du Cabinet » et sur laquelle nous voudrions connaître l'opinion de tous les hommes compétents. Selon nous, cette affaire trop grave peut établir un précédent qui ne pourra qu'être funeste au pays. Nos bons amis, qui nous prêtent souvent tant de bons sentiments, diront aussi que, d'après nous, les Députés actuels sont des savants, des hommes sans passions, etc., etc. On se trompera encore.

Ils ont commis une erreur dans leur ordre du jour du 4 juin. Nous l'avons dit dès le commencement. Mais il nous semble que le devoir du journaliste est de toujours mettre la raison là où elle doit se trouver. Nous croyons, avec Stuart Mill, qu'une Assemblée représentative mal composée « empiétera par des actes spéciaux sur le Département de l'Exécutif; elle chassera un bon Ministère et elle en nommera et en soutiendra un mauvais; elle permettra ou même elle autorisera des abus de confiance de la part des Ministres; elle se laissera tromper par leurs faux prétextes ou elle retirera son appui à ceux qui essaient de remplir leur charge consciencieusement; elle protégera ou elle imposera une politique générale, au dehors comme au dedans, égoïste, capricieuse, irréfléchie, imprévoyante, ignorante et pleine de préjugés; elle abrogera de bonnes lois ou elle en émettra de mauvaises; elle introduira des maux nouveaux ou elle s'attachera aux anciens avec une obstination perverse. Peut-être même, sous l'influence d'impulsions pernicieuses, temporaires ou permanentes, émanant d'elle-même ou de ses commettants, se prêtera-t-elle à des mesures qui mettent complètement de côté la loi, dans des cas où une justice parfaite ne plairait pas au sentiment populaire. Tels sont les dangers du Gouvernement représentatif, si la Constitution de la représentation n'assure pas une dose suffisante d'intelligence et de savoir dans l'Assemblée représentative. »

Nous croyons, avec M. Thoby, qu'alors « ce ne sera pas quelquefois sans dommage pour la chose publique. Et le dommage sera d'autant plus grand qu'un mauvais vote aura été le résultat non d'une erreur, mais d'un calcul. Mais quand il s'agit de juger la prépotence législative, ni optimiste, ni pessimiste ne soyons. On va jusqu'à dénoncer le vote de non-confiance comme un instrument de tyrannie parlementaire. C'est tout simplement un instrument dont les Assemblées peuvent abuser. A un tel jeu, elles perdront vite leur prestige. Considérons cependant la conséquence extrême de la tyrannie parlementaire : des Secrétaires d'État, nécessaires au Président d'Haïti et à la bonne marche des affaires, sont injustement frappés d'un vote. »

Dans ce cas, que doivent faire ces Secrétaires d'État? M. Thoby répond que « contre un tel abus, le Pouvoir Exécutif n'étant pas armé du droit de dissolution, des Ministres trop fiers pour en appeler de Philippe à Philippe, assez honnêtes pour ne pas conseiller un coup d'État, résigneront leurs portefeuilles ».

Ainsi, les Chambres ont le droit de donner des votes de blâme. Qu'après ce vote des Ministres restent au pouvoir, c'est une affaire qui ne nous regarde pas et dont le Président de la République, la Chambre et les Ministres seuls doivent connaître.

Que des Ministres protestent contre un pareil vote, expliquant ainsi qu'il est injuste, qu'ils ne l'ont pas mérité, nous pouvons, à la rigueur, nous expliquer ce procédé; mais que dans un pays démocratique et représentatif un Cabinet, que doit contrôler la Chambre, fasse un acte pour déclarer NUL et NON AVENU un vote quelconque donné par cette Chambre : voilà le précédent qui peut être établi et que nous craignons.

R. PROPHÈTE.

INTERVIEWS

(*Extrait de l'*A B C *du 3 juillet 1897.*)

M. le Sénateur Plésance est aujourd'hui un des hommes les plus remarquables du pays. La situation qu'il occupe au Sénat de la République, les efforts qu'il y fait chaque jour pour améliorer le sort de la Patrie, les mille et une preuves d'indépendance et d'honnêteté qu'il sait donner dans les moments plus ou moins difficiles, nous ont fait penser que son opinion sur l'affaire de la Chambre et du Cabinet mérite d'être connue. Voici comment il a répondu à nos questions :

Moi : Je voudrais connaître, Sénateur, votre opinion sur le conflit qui a existé ces jours derniers entre la Chambre et le Cabinet, à savoir si la Chambre, d'après la Constitution actuelle, a le droit de donner un vote de blâme, et, si oui, quel est le devoir du Ministre qui reçoit ce vote?

M. le Sénateur Plésance : Le vote de blâme résulte de l'article 117 de la Constitution qui donne à la Chambre le droit d'interpeller le Ministère. Il est évident que quand une Chambre possède ce droit, elle possède, comme conséquence, celui de faire l'éloge du Ministre interpellé si les explications sont suffisantes, et celui de le blâmer dans le cas contraire.

Cependant, je suis d'opinion qu'après le vote de blâme, les Ministres peuvent encore conserver leur pouvoir s'ils jugent qu'ils ne sont pas atteints dans leur honneur. Ils sauront ce que les circonstances commandent en pareil cas si, pour eux, ce vote atteint leur délicatesse ou leur dignité.

Quant au droit de la Chambre, il serait incontestable alors même que le droit d'interpellation ne se trouverait pas dans la Constitution, et cela parce qu'elle possède le droit de contrôle. D'ailleurs, ce droit est tellement en usage aujourd'hui dans les pays représentatifs qu'il n'est même plus nécessaire de le mentionner. Ainsi, le droit d'interpellation ne se trouve pas dans la Constitution française de 1875, actuellement en vigueur.

Malheureusement, la question que vous me posez n'a pas été traitée par les journalistes au point de vue des principes. On s'est simplement contenté de l'envisager au point de vue des personnes et surtout de l'origine de la Chambre. En effet, si l'on consultait les annales parlementaires de notre pays même, on ne tarderait pas à s'apercevoir que des votes de blâme ont été donnés à bien des Cabinets sous l'empire des Constitutions dont les termes sont les mêmes que ceux de la Constitution en vigueur. Toujours ces Cabinets ont dû remettre leur démission. Je n'ai pas besoin de remonter jusqu'à 1847 pour rappeler comme le Cabinet Dupuy, Paul, etc., s'était effacé. On sait comment le Cabinet Lorquet, Pierre Momplaisir, Lallemand, etc., a été obligé de se retirer. Une fois, M. Thoby comme Ministre de l'Intérieur, M. Liautaud comme Ministre des Finances, ont dû donner leur démission parce qu'ils avaient reçu un vote *antipatriotique*. Pourquoi leur avait-on donné un vote aussi grave? Rien que parce que M. Thoby avait fait imprimer au *Moniteur officiel* un article de son collègue des Finances. Je vous le répète, en traitant cette question, on a trop oublié les principes pour ne s'attacher qu'aux hommes, qu'à l'origine de la Chambre.

Moi : Mais, Sénateur, lorsque dans une circonstance quelconque un homme d'État déclare que la République d'Haïti est parlementaire et démocratique, n'a-t-il pas une ligne de conduite à tenir étant, arrivé aux affaires, l'objet d'un vote de blâme ?

M. le Sénateur Plésance : J'estime que la réponse à cette question se trouve dans ce que je viens de vous dire. Il n'y a plus rien à ajouter là-dessus.

Moi : Pouvez-vous me dire si, d'après vous, la République d'Haïti est parlementaire ou présidentielle ?

M. le Sénateur Plésance : Je réponds qu'elle est essentiellement parlementaire.

INTERVIEWS

*Extrait du journal l'*A B C *du 10 juillet 1897.*

Chez M. Maximilien Laforest.

M. Maximilien Laforest est un des rares Haïtiens qui croient encore à l'avenir et qui, poussés par l'idée d'être utiles à leur pays, essaient, comme dit Rabelais, de matagraboliser tout ce qui peut intéresser la génération future et assurer le relèvement de la nationalité haïtienne. Aussi modeste qu'instruit, M. Laforest est un des hommes les plus *expérimentés* du pays.

Il est un de ceux qui ne se sont pas contentés de ce qu'apprennent les livres. Les faits ont largement contribué à lui donner la place qu'il occupe dans le monde politique haïtien. Nos lecteurs comprendront que nous avions pour devoir d'avoir son mot.

En réponse à notre première question, M. Maximilien Laforest nous prie de l'interroger simplement sur le droit constitutionnel. Il ne veut s'associer à aucun fait précis. Il croit qu'il ne doit s'appliquer qu'aux démonstrations qui peuvent être tirées de la Constitution.

Moi : Dans ce cas, pouvez-vous me dire si, au point de vue constitutionnel, la Chambre des Représentants a le droit de donner un vote de blâme à un Cabinet quelconque ?

M. M. Laforest : La Chambre ayant le droit d'interpellation et les Secrétaires d'État ayant pour devoir d'y obtempérer, il s'ensuit que les explications fournies doivent être appréciées par la Chambre, qui a le droit de féliciter ou de blâmer suivant qu'elle a été satisfaite ou non.

Moi : Selon vous, les Secrétaires d'État ont-ils pour devoir de se retirer devant un vote de blâme ?

M. M. Laforest : C'est ici une question d'appréciation personnelle aux Secrétaires d'État blâmés. Le vote de blâme n'implique pas *de jure* le retrait des Secrétaires d'État.

Moi : Pouvez-vous me dire si, d'après vous, la République d'Haïti est parlementaire ou présidentielle ?

M. M. Laforest : Oui, elle est parlementaire par la déduction des articles de la Constitution précisant les attributions des divers pouvoirs de l'État.

INTERVIEWS

Extrait du journal l'A B C, *n° 14, du 26 juin 1897.*

Moi : Je voudrais connaître, mon cher Monsieur, votre opinion sur le conflit qui a existé, ces jours derniers, entre la Chambre et le Cabinet, à savoir si la Chambre, d'après la constitution actuelle, a le droit de donner un vote de blâme, et si oui, quel est le devoir du Ministre qui reçoit ce vote ?

M. Ed. Lespinasse : Le devoir est une question d'appréciation qu'il ne m'est pas donné de juger. Je ne puis donc vous répondre qu'en envisageant la question au point de vue du droit. J'ai d'ailleurs d'autant plus raison de vouloir agir ainsi que, depuis la date de ma démission comme Ministre, j'ai laissé la politique.

Cela entendu, je suis complètement à vos ordres.

Moi : Je vous écoute.

M. Ed. Lespinasse : Je suis absolument d'opinion que la Chambre a le droit de donner un vote de blâme. On ne peut pas, en effet, admettre le droit d'interpellation sans cette conséquence que la Chambre a le droit de donner son opinion sur les explications fournies.

Si elle peut aller jusqu'à mettre en accusation, il est évident qu'elle peut faire moindre et simplement blâmer. D'ailleurs, on ne lui a jamais contesté le droit de voter un ordre du jour de confiance ou de félicitation.

Moi : Dites-moi, je vous prie, si d'après vous la République d'Haïti est parlementaire ou présidentielle,

M. L. Cauvin : C'est encore aux discussions dont je vous ai parlé qu'il faut vous référer. Permettez-moi cependant de vous dire que je ne comprends guère ce qu'on appelle une *république présidentielle* ; cela me paraît vide de sens.

HONNEUR A LA CHAMBRE !

(*Extrait du journal* « La Tribune » *du 24 juin 1897*)

Quarante-huit heures d'angoisses ! La Chambre des Représentants exposée à tous les assauts, la Constitution livrée à tous les périls, le Président d'Haïti se découvrant généreusement pour couvrir ses Ministres affolés devant un vote de blâme ; la paix publique menacée, le sort de la République tout entier dans les mains des Députés du peuple, chez qui l'indignation et le sentiment d'une dignité froissée pouvaient faire excuser et craindre une résolution désespérée et pleine de conséquences redoutables : tel est le bilan de ces dernières journées !

L'atmosphère était grosse d'orages ! La sagesse de la Chambre les a dissipés ; elle a éloigné de notre horizon les malheurs irréparables prêts à fondre sur nous.

Honneur à elle !

Avec un patriotisme dont la nation lui sera reconnaissante, et une abnégation d'autant plus noble qu'elle sera plus discutée, elle n'a écouté ni les suggestions de la colère, ni les emportements d'un amour-propre cruellement blessé. Mise subitement et sans l'avoir voulu provoquer en face d'un conflit, non avec le Pouvoir Exécutif composé du Président et de son Conseil, mais avec le Président de la République seul, (les Ministres se dérobant, et, contrairement à la Constitution, laissant le Chef de l'Etat en présence de a Représentation nationale), elle ne s'est dérobée, elle, ni à son devoir, ni aux redoutables exigences d'une situation que l'on voulait faire, et que l'on croyait déjà sans issue. Et s'élevant au-dessus d'elle-même, se souvenant qu'elle est une Assemblée politique que ne doivent inspirer ni la rancune ni les susceptibilités d'une vanité mauvaise conseillère, que d'ailleurs la Constitution et la paix ne doivent recevoir d'elle aucune atteinte, elle a examiné et discuté avec modération et sang-froid la proclamation du Président de la République. Elle a cherché quel compromis honorable pourrait étouffer dans l'œuf une crise à laquelle poussaient des irréfléchis et des aveugles, et comment concilier avec la dignité de la Représentation nationale une entente qu'elle savait indispensable et qu'elle voulait immédiate.

Ce n'est pas que des excitations insensées, et les us propres à la détourner de la raison, ne lui eussent été épargnées ! Tout a été essayé pour provoquer son impatience ! Tout a été mis en œuvre pour la mettre au banc de l'opinion ! De longue main, la campagne était menée pour couvrir ses membres de honte ou les remplir d'effroi. Et de quels éléments n'étaient pas composée l'armée de ceux qui tentaient l'assaut de leurs consciences et escomptaient déjà leur faiblesse !

Tous les ouvriers de discorde et de haine, et ceux qui se proclament les défenseurs de la moralité publique, et les distributeurs de la justice impartiale, et les thuriféraires grisés d'encens, tous s'étaient coalisés; et prenant à pleines mains la boue, et soutenus et conduits par des hommes dont c'était le devoir de remplir un autre rôle, ils la lançaient journellement comme des boulets perdus contre la Représentation nationale.

Alors, on a vu le plus désolant des spectacles ! Toutes les digues ont été lâchées aux distributeurs d'insultes, et par qui ?..... Toutes les écluses ont été ouvertes, charriant leurs immondices, et ce fut un concert étrange d'ignominies et de turpitudes où les calomniateurs et les remueurs de fange se disputaient à l'envi ce flot d'injures mises à la folle enchère.

On a laissé le Parlement en butte à toutes les accusations, exposé à toutes les aventures; et il a fallu la fermeté de son Président et le calme de ses membres pour éviter le renouvellement des scènes les plus tristes de notre histoire et arrêter la décharge du premier revolver.

Celui qui est responsable de ces excitations rendra compte de sa conduite. Il sera récompensé du trouble qu'il a jeté dans les esprits et du mal qu'il a déjà fait. L'imprudent ! Il pensait tenir l'orage entre ses doigts débiles et pouvoir, à son gré, déchaîner la tempête. Sait-il ce qu'est la colère du peuple ? Se croyait-il de force à la maîtriser et à la contenir après l'avoir ainsi déchaînée ?

Honneur aux Députés d'avoir fait le sacrifice de susceptibilités légères et d'un faux respect humain ! Ils ont regardé plus haut, et ils ont perdu dans cette contemplation le souvenir de cette foule en délire les poursuivant de pierres et de huées, inconsciente de sa bêtise, prête à accompagner demain des mêmes bravos et des mêmes mains tendues et ouvertes le nouveau chef de claque qui sollicitera ses applaudissements et payera ses services.

La Chambre n'a pas voulu faire le jeu des fauteurs de désordre et des *aventuriers de la Dictature.* Elle a deviné et compris qu'une tentative se tramait derrière la scène pour emprisonner le Président d'Haïti dans une fausse manœuvre, qu'on voulait l'engager dans une voie funeste où sa générosité naturelle et sa loyauté ne soupçonnaient aucun piège... Les efforts de la Chambre n'ont donc plus tendu qu'à dégager le Chef de l'Etat.

Elle a compris que, dans ce pays de passions violentes et soudaines, la personne du Président de la République ne devait jamais être discutée ; et, faisant prévaloir dans ces tristes incidents l'esprit même et non la lettre de la Constitution, c'est elle, à défaut des collaborateurs officiels et désignés du Président Sam, qui l'a empêché de se découvrir et a rétabli l'harmonie là où l'on croyait que régnaient déjà l'incertitude et le désordre.

Elle a vu juste quand elle a décidé, en votant une adresse au Chef de l'État, qu'elle ne pouvait laisser seuls, sans contrôle auprès de lui, des hommes dont elle venait de blâmer la conduite, et, quelque pénible que fût pour quelques-uns de ses membres l'apposition de leurs noms au bas de la résolution à laquelle ils ont adhéré, ils l'ont signée sans défaillance et sans regret.

Puisque le Président d'Haïti a cru que le dernier paragraphe de l'ordre du jour de la Chambre empiétait sur ses prérogatives constitutionnelles, la Chambre s'est inclinée. Elle a fait au Président et à la chose publique le sacrifice non d'une parcelle de sa dignité, mais d'une jurisprudence, semblait-il, déjà établie et qu'elle voulait affermir et continuer.

Elle était aussi en droit de croire, et le public avec elle, qu'après la lettre-programme adressée par le Cabinet au Chef d'État le 4 janvier, le Ministère aurait assumé avec plus de courage et plus de désintéressement toutes les responsabilités du pouvoir, et que jamais il ne se serait retranché derrière l'autorité présidentielle pour s'en couvrir comme d'un bouclier.

L'épreuve est faite.

Pour les Secrétaires d'État actuels, l'article 118 de la Constitution est lettre morte. Le jeu du plus délicat des rouages parlementaires est faussé et momentanément suspendu, et l'on se heurte à cette conclusion, dont les citoyens sages verront sans efforts tout le danger, c'est à savoir que, pour écarter du Gouvernement un Ministre dont les actes méritent un blâme, il faut recourir à l'article 119 qui met en accusation les Secrétaires d'État.

On arriverait ainsi à l'agitation perpétuelle, au désordre parlementaire à jet continu... Eh quoi ! prendre tous les jours un pavé pour écraser une fourmi ! Il est impossible d'entendre de cette façon le régime parlementaire.

Des sophistes se sont avisés que notre régime n'était

pas parlementaire, mais représentatif. Ils ont voulu insinuer que le droit d'interpellation inscrit dans la Constitution est sans portée, puisqu'il n'a plus de sanction... Argument du procédurier hors de mise devant des hommes politiques et qui ruine toutes nos traditions, contrarie toutes nos tendances, et ne va à rien moins qu'à la *dictature.*

Dictature, hélas ! la pire de toutes et la plus hypocrite : non pas d'un Chef d'État acclamé par le Peuple et par la Représentation nationale, mais d'un ministère répudié par elle; non d'un Président poussé à cette solution désespérée par le sentiment de ses devoirs et la responsabilité qu'il a de l'honneur national et du salut public, mais d'un ministère qui veut jouir en son nom du pouvoir pour le pouvoir même, dictature la plus néfaste et la plus ridicule que l'on proclame dictature scientifique, du livre sur l'expérience, des sophismes sur la raison, de la passion, des rancunes et de la vanité sur la loi méconnue à plaisir et foulée aux pieds. La modération et l'esprit politique des Représentants du peuple nous ont délivrés de ce cauchemar!

Les fauteurs de la manifestation du 4 juin les accuseront d'inconséquence et de lâcheté, ceux qui souhaitaient leur effacement et qui sont confondus par leur sagesse se prolongeront encore dans la boue pour les en éclabousser ! Ils laisseront distiller le fiel et écouler l'injure ! Mais les députés pourront toujours répondre que, le 31 mars 1896, ils ont épargné au Pays la guerre civile, affermi son prestige et son crédit en élevant le Général Sam à la Présidence de la République; que, le 7 juin 1897, ils ont encore sauvegardé la paix et évité au Pays l'anarchie et la dictature en refusant d'entrer en conflit avec le Chef d'État : peu d'assemblées politiques peuvent s'enorgueillir de pareils services.

Les huées du 4 juin n'empêcheront pas d'arriver jusqu'à eux les félicitations qu'ils recevront de tous les points de la République. Elles n'empêcheront pas le peuple d'entendre et de comprendre que le seul article de la Constitution qui fût en question dans ce grand débat était celui-ci : Art 120 : Chaque Secrétaire d'État reçoit du Trésor public pour tous frais de traitement une indemnité annuelle de 6,000 piastres fortes.

Rien de plus.

Que le peuple juge !

APPENDICE

CONFIDENCE COMPROMETTANTE D'UN MINISTRE

Après le vote du 4 juin (soit dans la soirée ou le matin du 5), un Ministre que je ne nomme pas ici, mais *que je me réserve de nommer* si un des Membres du Cabinet du 17 décembre 1897 me faisait le plaisir de me traduire en correctionnelle, faisait la confidence suivante à un de ses intimes :

— C'est bien malheureux, cette affaire.

— C'est bien malheureux.

— Oui, en effet.

— La situation du Cabinet, malgré tout ce que je vois, me paraît équivoque.

— Oui, mon cher.

— Pensez-vous à la retraite complète du Conseil?

— Je ne sais pas; mais, moi, je suis décidé à donner ma démission.

— Ah! ah!

— Ces Messieurs (les Députés), mon cher, n'avaient pas besoin de faire tout cela. Il est vrai de dire que la faute en est aussi un peu à Firmin.

— Il y a quelques Députés — et parmi les plus

sérieux — qui affirment l'existence de la lettre de Douyon à Lafontant.

— Laissons cela...

Pressé de questions, le Ministre finit par dire à son interlocuteur : Ces Messieurs (*les Ministres*), mon cher, ont *réellement* fait dresser ces *ordonnances* pour *leurs frais d'installation* qu'ils ont touchés sur reçu. Je ne me rappelle pas la date du Conseil, mais je me souviens bien que nous venions justement de décider *du renvoi des employés supplémentaires* quand la question des *deux mille gourdes* de frais d'installation a été agitée et acceptée. C'est à vous seul que je le dis.

Le bon Ministre avait certainement compté sans l'indiscrétion.

MENSONGE ET IMPOSTURE

(DOCUMENT COMPROMETTANT)

« Le mensonge ne peut jamais être excusable, quelque fin et quelque motif que se propose celui qui ment. » FLÉCHIER.

« Le mensonge décèle une âme faible, un esprit sans ressources, un caractère vicieux. » GRIMM.

« Le mensonge est une dégradation du caractère ; il conduit à toutes les lâchetés. » MAQUEL.

« Le mensonge est l'avilissement et en quelque sorte l'anéantissement de la dignité d'homme. » E. SAISSET.

Conseil des Secrétaires d'État

. . . .

. . . .

. . . .

Une somme de *deux mille gourdes* est accordée à chacun des quatre nouveaux Secrétaires d'État *comme frais d'installation.*

(*Conseil du 2 février 1897.*)

Les menteurs du 4 juin, pour se justifier devant l'opinion publique, n'hésiteront peut-être pas à mentir une seconde fois. Ils diront sans doute que la pièce ci-dessus est apocryphe. Ils voudront me loger probablement à la même enseigne qu'eux.

Ils sont et ils resteront les *vrais menteurs* et les *seuls imposteurs.*

Célèbres avocats, la route pour moi est toute tracée : la police correctionnelle pour diffamation et calomnie.

Essayez donc !...

Osez donc !...

BLANC ET NOIR

« Nous resterons Ministres ; car c'est lui qui nomme et révoque les Secrétaires d'Etat, et il y aura *un abîme* creusé entre la Chambre et le Pouvoir Exécutif ! »

(A. Firmin. troisième discours prononcé à la séance d'interpellation de la Chambre des Députés le 4 juin 1897.)

« Considérant que l'article 117 de la Constitution prévoit que les Chambres peuvent requérir la présence des Secrétaires d'Etat et les interpeller sur tous les faits de leur administration ; que les Secrétaires d'Etat interpellés sont tenus de *s'expliquer* ; mais que cet article *n'accorde point* à la Chambre *le droit* d'infliger des votes de blâme à un Secrétaire d'Etat ou au Ministère ;

« Déclare ne point s'arrêter au vote de blâme qu'il considère comme nul et non avenu. »

(A. Firmin. Déclaration du Conseil des Secrétaires d'Etat du 12 juin 1897.)

« Le 4 juin, *après le vote* de la Chambre des Députés, je vous *ai offert ma démission*, en même temps que mes collègues ; mais vous l'avez fermement et généreusement refusée, en prouvant par votre noble attitude que Votre Excellence était décidée à soutenir le Cabinet envers et contre tous, par tous les moyens avouables. »

(A. Firmin. Lettre de démission adressée à Son Excellence le Président de la République le 16 juillet 1897.)

DEUX OPINIONS

BON SENS ET PRÉSOMPTION

On ne peut jamais arriver à l'administration des finances *qu'imparfaitement préparé*, parce que cette administration est composée d'une si grande diversité de devoirs, qu'il n'est *aucune éducation préalable* qui puisse y rendre *entièrement propre.*

(Necker. *De l'administration des Finances de la France.* Introduction.)

Je note ce point d'histoire, pour faire sentir que je n'ai jamais ambitionné le portefeuille qui m'avait été confié, encore que *mes études spéciales* de plus de vingt années et *une bonne partie de ma carrière pratique de comptable*, soit dans le commerce, soit dans l'administration publique, *m'y eussent préparé comme pas un*, en Haïti.

(A. Firmin. *Une défense.*)

J'ai dû mettre en italiques certains mots pour bien faire ressortir les deux opinions. Je prie de m'excuser.

(*Note de l'auteur.*)

LA DÉMISSION DE M. FIRMIN

Port-au-Prince, 16 juillet 1897.

PRÉSIDENT,

Ainsi que j'ai eu l'honneur de vous l'exposer vendredi dernier, 9 de ce mois, ma situation de Secrétaire d'État des Finances et des Relations Extérieures est devenue de plus en plus fausse.

Le 4 juin, après le vote de la Chambre des Députés, je vous ai offert ma démission, en même temps que mes collègues; mais vous l'avez fermement et généreusement refusée, en prouvant par votre noble attitude que Votre Excellence était décidée à soutenir le Cabinet envers et contre tous, par tous les moyens avouables.

Or, il se trouve que, tandis que Votre Excellence donne ce bel exemple d'énergie morale en faveur du bien, des fonctionnaires, occupant dans le Gouvernement des situations très importantes, font tout le contraire, ne cachant pas leur antipathie à l'égard de ceux qu'Elle veut maintenir aux affaires.

Cette absence de cohérence entre les divers éléments qui composent le rouage administratif dont vous avez la haute direction, jette dans l'esprit de chacun, et surtout dans le mien, une incertitude qui paralyse toute action sérieuse et capable d'assurer l'exécution du programme de Gouvernement arrêté par la lettre que les Secrétaires d'État ont eu l'honneur d'adresser à

Votre Excellence le 4 janvier 1897, et à laquelle elle a répondu le 30 du même mois avec autant de sagesse que de patriotisme.

Aussi bien, voulant rester sincère dans ce que je fais, je viens vous prier d'accepter ma démission de Secrétaire d'État des Finances, du Commerce et des Relations Extérieures.

Quoique hors du Cabinet, je ne resterai pas moins dévoué à votre Gouvernement et prêt à lui prêter mon concours partout ailleurs.

Daigne Votre Excellence agréer, Président, la nouvelle expression de mon profond respect et de mon entier dévouement.

A. FIRMIN.

A Son Excellence le Président de la République.

LIBERTÉ — ÉGALITÉ — FRATERNITÉ

RÉPUBLIQUE D'HAITI

Pri[illegible]nce, le 19 juillet 1897, an 94e de l'Indépendance.

TIRÉSIAS-AUGUSTIN-SIMON SAM

Président d'Haïti.

MONSIEUR ANTÉNOR FIRMIN, SECRÉTAIRE D'ÉTAT DES FINANCES, DU COMMERCE ET DES RÉLATIONS EXTÉRIEURES,

MONSIEUR LE SECRÉTAIRE D'ÉTAT,

En réponse à votre lettre du 16 courant, je vous informe que j'ai accepté votre démission de Secrétaire d'État des Finances, du Commerce et des Relations Extérieures.

Recevez, Monsieur le Secrétaire d'État, l'assurance de ma considération distinguée.

T.-A.-S. SAM.

LIBERTÉ — ÉGALITÉ — FRATERNITÉ

RÉPUBLIQUE D'HAITI

ARRÊTÉ

TIRÉSIAS-AUGUSTE-SIMON SAM
Président d'Haïti.

Vu l'article 98 de la Constitution.

Considérant qu'il y a lieu de compléter le Conseil des Secrétaires d'État,

Arrête ce qui suit :

Article premier. — Le citoyen Solon Ménos est nommé Secrétaire d'État des Finances, du Commerce et des Relations Extérieures, en remplacement du Général Anténor Firmin, dont la démission est acceptée.

Art. 2. — Le citoyen A. Dyer, doyen du Tribunal civil de Port-au-Prince, est nommé Secrétaire d'État de la Justice et des Cultes, en remplacement du citoyen Solon Ménos.

Art. 3. — Le citoyen François Luxembourg Cauvin, avocat, est nommé Secrétaire d'État au Département de l'Intérieur, en remplacement du Général Valérius Douyon, démissionnaire.

Art. 4. — Le présent arrêté sera imprimé, publié et exécuté.

Donné au Palais National, à Port-au-Prince, le 26 juillet 1897, an 94e de l'Indépendance.

T.-A.-S. SAM.

TABLE DES MATIÈRES

Paris, Soc. a. de l'Imprimerie Kugelmann, 12, rue de la Grange-Batelière.

www.ingramcontent.com/pod-product-compliance
Ingram Content Group UK Ltd.
Pitfield, Milton Keynes, MK11 3LW, UK
UKHW020212250726
13967UKWH00003B/1413

9 782012 998520